# 창업 비즈니스 전략

Entrepreneurship Business Strategy

홍성호

도서출판 청람

# 머리말

이 책은 창업 비즈니스 전략을 통한 창업과정을 알기 쉽게 설명함으로써 이 분야를 공부하고자 하는 학생들뿐만 아니라 창업실무자에게도 도움이 될 수 있도록 집필하였다. 성공적인 창업과 혁신적이고 창의적인 비즈니스 전략은 불가분의 관계를 가지고 있다. 즉, 성공적인 창업을 위해서는 창업 비즈니스 과정의 실무적인 내용을 통합적으로 이해하고 활용할 수 있어야 한다. 특히, 중소 · 벤처기업이 한국경제에 핵심적인 엔진 역할을 하고 있다는 것은 누구나 공감하는 현실이다. 따라서 창업에 관한 주제는 창업학을 공부하는 학생들뿐만 아니라 창업을 준비하는 예비창업자와 관련 실무자들이 필수적으로 갖추어야 할 지식이다.

창업에 관련된 대부분 서적은 실제와 이론을 겸비하여 설명하고 있지 않아 학문적으로나 실무적인 유용성 측면에서 많은 한계가 있다. 따라서 이 책은 불투명하고 불확실한 현재에서 벗어나 예전보다 확실한 성공을 꿈꾸는 예비창업자에게는 창업 실무와 경영에 실질적인 도움을 줄 수 있도록 하였고, 창업을 학문으로 배우고자 하는 학생에게는 실용성이라는 측면에서 도움이 될 수 있도록 구성하였다.

이 책에서 저자는 창업의 내용을 체계적으로 설명하여 쉽게 이해하고 활용할 수 있도록 노력하였으나 부족한 점이 많으리라 생각된다. 앞으로 좋은 책이 될 수 있도록 독자 여러분의 충고와 채찍을 기대하며 향후 좋은 '창업'의 길라잡이가 될 수 있도록 노력할 것이다. 그리고 출판을 허락해 주신 도서출판 청람의 사장님을 비롯한 편집부 여러분께 깊은 감사를 드린다.

2023년 연세대학교에서

저자

# 차 례

## 1장 창업기회



## 2장 사업 아이디어와 기회분석

## 3장 벤처기업

## 6장 여성기업

## 7장 e-비즈니스

## 8장 비즈니스 플랜 (1): 개념, 사업계획, 기업현황



## 9장 비즈니스 플랜 (2): 마케팅 · 생산계획

## 10장 비즈니스 플랜 (3): 재무계획

## 11장 비즈니스 플랜 (4): 기타 고려사항

# 1장

# 창업기회

1. 창업기회의 발견
2. 사업체의 인수
3. 창업의 구성요소와 창업결정 요인
4. 창업의 환경 및 과제

# 1 장 창업기회

## 1 창업기회의 발견

### 1-1 창업 아이디어의 원천과 창업시기

#### (1) 창업 아이디어의 원천

창업기회는 사업에 있어서 중요한 조건이다. 예비창업자들이 창업기회를 어떻게 이용하느냐에 따라 사업의 성패가 좌우될 수도 있다. 미국 독립사업전국협회(National Federation of Independent Business: NFIB)의 회원을 대상으로 "지금 하고 있는 사업의 아이디어를 어디에서 얻었는가?"라는 설문을 하였다. 그 결과 "이전 일의 경험"이라는 비율이 45%였으며, 16%가 취미 또는 관심사였으며 다음으로는 "우연한 기회"로부터가 11%, 어떤 사람의 제안에 의한 아이디어의 획득이 7%였다.

- 베스퍼(Karl H. Vesper)는 좋은 사업 아이디어를 가지게 된 사람은 이 아이디어를 오히려 무심코 발견하는 것이며, 아이디어를 의도적으로 열심히 찾는 사람의 대부분은 실패로 끝난다고 보고 있다. 그는 수많은 사례를 찾아 예시해 보이면서 대부분의 사업 아이디어들이 부지불식간에 또는 뜻하지 않게 나타나는 것이며 체계적인 방법을 이용해서 탐색하거나 비상한 수단으로 발견하게 되는 것이 아님을 설명하고 있다. 그는 아이디어와 만나게 되는 모양을 다음과 같이 일곱 개의 유형으로 나누어 설명하고 있다.

① 기대치 않았던 초대(unanticipated invitation): 어떤 사업 아이디어는 초대성 제안이나 부탁의 형식으로 오면서 발생하는 경우
② 전직(prior employment): 대부분 창업 아이디어는 예비창업자가 몸담고 있었던 이전 직장의 업무와 관련해서 얻어지는 경우
③ 권리의 획득(obtaining rights): 아이디어 개발권자로부터 권리를 사는 경우와 아이디어 창안자와 협력관계를 맺는 경우
④ 자기고용(self-employment): 무슨 종류이든 사업을 하나 우선 시작하게 됨으로써 연이어 또 다른 사업의 기회를 만나게 되는 경우
⑤ 취미(hobbies): 취미로 시작하게 된 것이 사업으로 이어지는 경우
⑥ 사회적으로 만난 사람들(social encounters): 사회활동을 통해 만난 사람들로부터 아이디어를 얻는 경우
⑦ 단순한 행인의 관찰(pedestrian observation): 주변상황을 단순히 관찰함으로부터 창업 아이디어를 얻게 되는 경우

- 창업관계 잡지인 '인크(INC.)'는 1989년에 성장형 창업회사들 500개를 선정하여 창업 아이디어 출처에 대해 조사한 바가 있다. 43%나 되는 창업자들이 창업기회를 동일한 산업에서 일해 본 경험에 의하여 얻게 되었다고 밝히고 있다. 본 조사를 마무리하면서 존 케이스(John Case)는 창업 아이디어 발견은 번쩍이는 영감이라기보다는 곰곰이 짚어보면 논리적으로 설명될 수 있는 경우가 대부분이라고 말하고 있다.
  창업신화는 창업자가 인생에 두 번 다시없는 기막힌 아이디어를 갑자기 생각해 내는 것이 아니라 평범한 아이디어에서 이루어진다는 것이다. 창업에 성공한 사람들은 시장구조가 아주 미묘하게 달라지고, 새로운 틈새시장이라도 생기면 전에는 결코 본인들이 사업가가 된다는 꿈도 꾸지 못하고 있다가 사업을 한다고 나서게 되고, 스스로도 성공한 것에 대하여 놀라게 된다고 한다.
- 쿠퍼(Amold C. Cooper)의 연구결과도 존 케이스와 비슷한 결과를 제시하고 있다. 조사대상을 이미 사업을 중단한 집단, 매각한 집단, 그리고 생존하고 있는 집단 등으로 나누어 아이디어의 원천을 분석하였는데, 역시 그 결과는

각 집단에 따라 조금씩 다를 뿐 매우 비슷하였다.

- 티치(Richard D. Teach) 등의 연구도 우리의 흥미를 끈다. 그들은 1989년에 소프트웨어산업을 대상으로 조사 · 분석하였다. 그들은 조직적으로 치밀하게 계획하여 창업한 사업보다는 오히려 "뜻밖에 우연히(accidentally)" 발견된 사업 아이디어에 근거하여 창업한 사람들이 손익분기점에 더 빠르게 도달하고 있음을 발견했다. 그리고 손익분기점 매출액의 두 배까지도 더 빠르게 도달하고 있다고 말하고 있다.
- 콜러(Roland H. Koller)는 "창업 아이디어가 어디서 오는 것인가?"라는 분석을 위해서 전화번호부로부터 2,000명을 무작위로 뽑아 사업을 한 경험이 있는 82명에게 설문을 하였다. 65명의 응답결과를 분석한 결과, 이들 45%가 아이디어를 의도적으로 탐색하여 얻었으며, 사업가가 되겠다는 욕심을 가져서가 아니라, 기회가 닥쳤을 때 이를 단지 인식했다고 대답하면서 그들은 기본적으로 수동적인 입장에 있었음을 보였다.

다음에 이들이 어떻게 기회에 접하게 되었는지를 물은 결과, 이들 중 50%가 다른 사람들에 의하여 제안되었다고 응답했다(직장동료 19%, 친인척 17%, 만나는 사람 12%, 광고 2%). 그리고 45%의 응답자는 실제로 자기가 아이디어를 확인했다고 말했다. 콜러는 얻게 된 아이디어가 실제로 기회로 쓰일 수 있다고 생각하게 된 원인을 조사하였는데, 그 결과 자기가 익숙한 기술을 활용할 수 있었기 때문(39%), 상황이 알맞았기 때문(20%), 서비스가 부족한 틈을 보았기 때문(19%)이라고 답하였다(고수준 이익 3%, 고가격 5%, 서비스 부재 5%, 기타 9%).

다음으로 콜러가 발견한 사실은 직장경험에 관한 것인데, 64%가 전직으로부터 얻은 경험을 바탕으로 하고 있고, 10%가 좋아하는 취미에 근거하고 있었고, 무경험이 24%로 나타났다. 그는 창업을 하려고 마음을 가다듬고 있는 사람은 전직의 경험과 훈련된 자기의 기술을 중심으로 기회를 찾는 의도적 탐색 노력이 필요하다고 했다. 그렇지 않고 다른 사람으로부터 비의도적으로 아이디어를 얻어 사업을 사려면 전직이나 기술보다 분석적인 논리에 바탕을 두고 시장을 살펴보도록 해야 한다는 것이다. 콜러는 사업기회가 나타나 있거나 다가오고 있기 때문에 이를 인식할 줄 아는 것이 기회를 직접 찾아나서는 행동보다 더 중요하다고 말한다.

- 롱겐넥커 등(Justin G. Longenecker, C. W. Moore, and J. W. Petty)은 창업을 위한 기회의 유형을 새로운 제품과 서비스로 새로운 시장을 형성하는 방법, 새로운 기술에 의해서 새로운 제품과 서비스를 제공하는 방법, 개선된 방식으로 기존제품과 서비스의 기능을 제공함으로써 고객에게 새로운 혜택을 제공하는 방법으로 구분하여 설명하고 있다.

### (2) 창업시기

창업의 시기는 창업자의 적정연령은 "몇 살이 좋은가", 경제적인 흐름으로 볼 때 "언제가 적정한 시기인가"의 두 가지 측면에서 생각해 볼 수 있다. 대부분 창업을 하는 시기는 20대 말에서 40대 초에 이루어지게 된다. 그 이전에는 교육, 현장경험, 자금의 마련 등에 관심을 갖게 되며 40대 이후에는 가정의 책임, 사회적 지위, 노후를 위한 투자 등에 관심을 갖기 때문이다. 최근에는 학생들이 창업을 하게 되는 예외적인 경우도 볼 수 있다.

20~30대의 젊은 층에서 창업을 하는 경우에는 도전정신을 기반으로 한 벤처창업의 유형이 많다고 볼 수 있으며 50~60대에 접어들면서 창업하는 경우는 지금까지 해왔던 일과 전혀 다른 일에 적응하는 것이 매우 어렵기 때문에 지금까지 종사해 온 분야나 연관분야에서 창업 아이디어를 찾는 것이 보다 안전하고 또한 성공가능성이 크다고 볼 수 있다.

좋은 조건의 창업시기를 맞춘다는 것은 쉬운 일이 아니지만 호경기에 시작하는 것이 좋다고 보는 견해가 일반적이라고 볼 수 있다. 아이디어가 시기를 기다려주지 않고 또한 시기에 적절한 아이디어를 개발한다는 것은 쉬운 일이 아니기 때문이다. 그러나 경쟁자가 비교적 적고 대부분의 업종에서 경쟁자가 호경기 때보다 적기 때문에 불경기에 사업을 시작하는 것이 유리하다고 보는 견해도 있다.

## 1-2 창업기회의 포착

### (1) 아이디어

아이디어(idea)는 기술적 실행가능성(technical feasibility)으로 기회가 되기 위한 필요조건이다. 아이디어는 창업의 도구(tool)로서 그 원천을 파악하는 노력도 매우 중요하다. 많은 벤처창업자들은 "좋은 기술만 있으면 저절로 사업에 성공할 수 있다"와 같이 틀에 박힌 궤변에 빠지는 경우가 많다. 이러한 궤변에 빠지는 이유는 경영현실의 무지에서 오는 것이라고 볼 수 있으며 판매보다는 기술지향적인 사고방식과 기술에 대한 지나친 애착과 자부심에서 오는 것이라고 볼 수 있다. 아이디어의 원천은 다음과 같은 3가지 유형으로부터 생각할 수 있다.

① 필요성, 욕구로부터의 원천

- 가격, 기능, 품질, 차별화, 동질화, 디자인, 서비스 등

② 사회 · 경제적 원천

- 사회적 변화분석(레저, 정보화, 건강)
- 기존산업에서 필요로 하는 상품의 조사(더 좋은 품질과 가격)
- 인구추이분석(실버산업, 양질의 교육)
- 경제적 추이(중고, 폐자원, 삶의 질)
- 개발계획조사(신도시, 지방자치단체)
- 새로운 제도와 법률(교복, 수입자율화)
- 소비자접촉

③ 제품과 서비스로부터의 원천

- 주변사업의 관찰

- 성공담
- 해외동향조사
- 신기술의 영향
- 전시회의 참관(산업 및 기술동향)
- 지방고유기능의 제품 활용(고추장, 막국수)
- 간행물의 활용(국내외 간행물)

### (2) 기회

기회(opportunity)는 기술적 실행가능성과 시장수용 가능성이 부여된 개념(technical feasibility+market acceptance)이며 시장지향적(market-driven)인 기술실행 가능성을 말한다. 기회는 다음과 같은 평가에 타당성을 부여할 수 있어야 한다.

- 평가기준(시장규모, 성장성, 수익기간)은 무엇인가?
- 적절한 투자수익을 보장하는가?
- 다각화, 통합 · 발전가능성이 있는가?
- 있더라도 이익이 지속적인가?
- 제품 · 서비스가 진정한 욕구를 반영하는가?

또한 기회를 구체적으로 사업화하기 위해서 합당한지를 분석하여야 한다.

- 창업 후 진입장벽은 없는가?
- 고객은 파악가능하고, 접근이 용이하고, 변화의 의지가 있는가?
- 공급자의 핵심자원의 통제로 인한 종속, 손실은 있는가?
- 수요자의 지나친 욕구충족으로 채산성 악화 우려가 있는가?

### (3) 기회 포착

① 미래 변화를 읽는 안목(Pattern Recognition) 필요

기회는 창조되는 것이고, 창업자가 포착 · 파악해야 하는 것이다. 창업자는

남이 못 보는 기회를 볼 수 있어야 하며 현실을 직시할 수 있는 업계 전망능력을 갖추어야 한다.

② 기회의 창(Window of Opportunity)

"The length of time a market is available for a new product or service idea"와 같이 너무 빠르거나 너무 느리지 않게 적시성(timing)이 매우 중요하다.

③ 좋은 기회의 특성

- 수익성(rewarding): 많은 수익을 제공하는 기회
- 지속성(enduring): 수익이 오래 지속되는 기회
- 관용성(forgiving): 실패해도 치명적이지 않은 기회

### (4) 창업유형

창업유형의 분류는 창업배경, 목적, 관리방법을 포함한 많은 특성에 의해서 분류될 수 있다. 최근까지 연구결과를 살펴보면 어떤 하나의 특정한 형태의 분류에 대해서 의견일치를 보이고 있지는 않으며 관점에 따라 벤처기업의 성과, 관리적 특성, 기업구조, 혁신 정도, 창업과정, 기회의 인식 등 여러 유형으로 분류되고 있다. 스미스와 마이너(Smith & Miner, 1983)의 52명의 회사 설립자들에 대한 특성 연구를 시작으로 초창기에는 주로 개념적 구조화에 근거한 연구들이며 최근 들어서는 다양한 특성에 의한 실증연구들이 대부분이라고 볼 수 있다.

이와 관련하여 리와 오스터영(Lee & Osteryoung)은 창업결정요인에 대해서 중요도에 대한 인식의 차이를 비교하기 위해 창업의 유형을 기술창업과 기회창업으로 구분하였다. 롱게네커(Longenecker) 등은 중소기업의 창업유형을 기술중심의 장인창업(artisan entrepreneurship)과 기회중심의 기회자창업(opportunist entrepreneurship)의 두 그룹으로 분류하였다. 기본적으로 이들 분류기준은 관리적 · 교육적 관점의 차이라고 볼 수 있다. 따라서 기술창업은 가부장적인 방식으로 사업을 시도하려는 경향이 있는 숙련된 기술자중심의 창업이며, 기회창업과

는 대조적으로 더 전문적인 방식으로 사업을 시도하고 비기술적 문제에 대해서는 특정 교육을 통하여 보완하려는 경향이 있는 창업이라고 볼 수 있다.

## 1-3 창업의 형태

### (1) 새로운 사업을 시작(Start A Business)

기업가의 능력을 가진 개인 또는 집단이 사업 아이디어에 의한 사업목표를 가지고 적절한 사업기회에 창업 준비과정을 거쳐 제품 및 서비스를 제공하는 기업을 설립하는 것을 말한다. 즉, 제품이나 서비스의 생산 및 판매를 위해 자본을 투자하고 생산설비나 건물을 확보하여 필요한 인원을 선발 배치함으로써 사업을 시작하는 것을 의미한다. 우리나라 「중소기업창업 지원법」에서 정의하고 있는 창업은 다음 사항을 제외하고 있다. 첫째 타인으로부터 사업을 승계하여, 승계 전의 사업과 동종의 사업을 계속하는 경우, 둘째 개인사업자인 중소기업자가 법인으로 전환하거나 법인의 조직변경 등 기업형태를 변경하여 변경 전의 사업과 동종의 사업을 계속하는 경우, 셋째 폐업 후 사업을 개시하여 폐업 전의 사업과 동종의 사업을 계속하는 경우 등이다.

### (2) 현존하는 사업체를 인수(Buy an Existing Business)

새로운 아이템을 가지고 사업을 시작하는 것이 아니라 기존의 사업을 인수하여 같은 종류의 사업을 계속 영위하는 것을 말한다. 예를 들어 상속이나 양도에 의해 사업체를 취득하여 동종사업을 계속하는 경우, 폐업한 타인의 공장을 인수하여 동일한 사업을 계속하는 경우, 기존공장을 임차하여 기존의 사업과 동종의 사업을 하는 경우 등이 있다.

### (3) 프랜차이즈를 개점(Open a Franchised Business)

프랜차이저(가맹본부)가 일정 지역의 프랜차이지(가맹점주)에게 자기의 상표 또는 상호 등 영업을 상징하는 표식을 사용하여 제품 또는 서비스를 판매하거나 기타 영업을 할 수 있는 권리를 부여함과 동시에 영업에 대한 일정한 지원, 통제를 하는 한편, 선택적으로 그 영업에 대한 노하우를 제공하거나 상품을 공급하고 이에 대하여 프랜차이지는 프랜차이저에게 대가로서 가맹비, 보증금 또는 로열티나 제품대금을 지급하는 지속적인 계약을 체결하는 것을 말한다. 프랜차이즈에 비하여 라이선싱(licensing)은 상표만 빌려줄 뿐 영업에 관여하지 않는다. 초기에는 소매업, 서비스업, 자동차 딜러 등이 프랜차이즈의 형태로 운영되었으나 최근에는 음식점, 결혼예복전문점, PC방 등 다양한 분야에서 프랜차이즈가 이용되고 있다.

### (4) 가족기업에 참여(Enter a Family Business)

가족기업은 가족구성원이 창업하고 창업자 및 그들의 가족구성원이 소유권을 가지며 기업경영에 대한 감독과 통제를 하는 조직이라고 볼 수 있다. 동시에 소유권이 창업자 세대로부터 다음 세대로 이어짐으로써 지속적으로 세대 간 기업계승이 이루어질 잠재성을 가지고 있다고 볼 수 있다. 가족기업에 참여하게 되는 경우는 가족기업을 창업할 때 구성원으로서 참여하거나 가족기업을 승계하여 소유주로서 참여하는 경우가 있다. 우리나라의 가족기업은 주로 소기업이 많으며 대부분의 기업을 가족기업으로 간주할 수 있을 것이다. 또한 우리나라와 같이 소유경영이 지배적인 기업의 조직분위기에서는 가족의 영향력이 강하다고 볼 수 있다.

앞에서 언급한 창업의 형태 중에서 창업자들은 사업의 시작의 대안으로 가족사업에 합류하거나 프랜차이즈점을 인수하는 것과 같이 설립된 사업을 인수하는 경우에 대해서 구체적으로 설명하고자 한다. 이러한 사업체를 인수하는 의사결정은 장·단점을 조심스럽게 검토한 후에 해야 한다. 기존의 사업체를 인수하는 이유는 크게 3가지로 요약될 수 있다.

- 창업 초기에 직면할 수 있는 불확실성을 감수할 수 있다.
- 운영하고 있는 사업체를 인수함으로써 이미 확보된 사업관련 네트워크를 이용할 수 있다.
- 새로운 사업을 위한 창업비용 이하로 사업체를 인수할 수 있다.

## 2 사업체의 인수

### 2-1 사업체의 평가와 탐색

많은 사람들은 일상생활 속에서 기존사업체를 인수할 수 있는 기회를 우연히 만나게 되는 경우가 있다. 예를 들어 제조업체의 판매담당자나 도매상은 소매상점을 인수할 수 있는 제안을 받는 경우가 있을 수 있다. 좋은 사업기회를 제공하는 사업체라 할지라도 면밀한 평가가 요구된다. 예비단계에서 사업인수자는 매도인과 상의하거나 개인적인 관찰을 통하여 얻을 수 있는 정보를 획득할 필요가 있다. 또한 공급자, 은행, 종업원, 소비자 등과 같은 관련된 단체를 통하여 정보를 획득하는 것도 중요하다.

#### (1) 전문가의 의견

회계사나 변호사를 통한 외부전문가들의 자문을 얻는다든지, 사업체를 인수한 경험이 있는 사업가를 통하여 배우는 것도 현명한 방법이다. 그들의 시각을 종합함으로써 객관성을 확보할 수 있으며 사업체를 탐색하는 데 소요되는 비용과 시간을 절약할 수 있을 것이다. 사업체를 인수하는 최종적인 결정은 인수자가 중심이 되어야 하며 전문가에게 미루어서는 안 된다. 특히, 전문가의 도움이 편차를 가지고 있지 않으며 정확한 의사결정이라고 가정하는 것은 위험한 일이다.

### (2) 사업체를 매각하는 이유를 분석

사업체를 매각할 때, 왜 그런지 그 이유를 파악해야 한다. 즉, 현재 사업이 잘 안 된다든가 미래의 성과에 영향을 줄 수 있는 어떤 근본적인 문제를 가지고 있을 수 있다. 그러므로 인수자는 소유주가 처해 있는 상황을 세심하게 파악하여야 하며 거기에는 공통적으로 가지고 있는 이유가 있다. 그 이유를 살펴보자.

- 사업 아이템이 진부하거나 경영상태의 부실화한 경우
- 다른 지역으로 이전하기를 희망하는 경우
- 다른 업종으로 전환하기로 결정한 경우
- 사업의 수익성이 악화된 경우
- 판매 프랜차이즈의 단절인 경우
- 성장잠재력의 상실한 경우

소유주가 그의 사업체에 대한 모든 사실이 특히 조작된 장부나 불분명한 현금 유출과 같은 재무자료에 관해서는 확신할 수가 없다. 기업을 인수하고 난 후에 발견될 수 있는 불가피한 상황은 윤리적인 기업가인지 아닌지를 결정하는 것이 최선일지도 모른다.

### (3) 재무자료의 검토

기업의 재무상태의 건실성을 평가하는 첫 번째 단계는 과거 5년간의 세금납부와 재무제표를 검토하는 것이다. 이 첫 번째 단계가 인수자와 소유주가 같은 시각을 가지고 있는지를 판단하는 데 도움을 준다. 두 번째 단계는 기업가치를 평가하는 단계이다. 사업을 시작하기 위해서 사업인수자는 기업의 운영에 관련되는 재무자료를 분석하여야 한다. 재무자료가 과거 5년 동안 가능하다면 사업을 위한 추세의 어떤 아이디어를 얻을 수 있다. 윤리적인 측면에서 사업인수자는 필요로 하는 사람에게 재무제표를 공개할 의무가 있다. 만약 그렇게 하지 않으면 신뢰성에 위배되는 것이다.

인수자는 재무제표가 사업체의 청사진을 그리는 데 오류를 범할 수도 있다는 인식을 가져야 한다. 예를 들어 소유주는 소득세를 최소화하기 위한 노력으로 영업이익을 적게 하려고 한다. 반면에 종업원 훈련이나 광고비와 같은 것은 사업체의 잠정가격을 높게 하려는 노력으로 비정상적으로 낮은 수준으로 감소시키려고 할지도 모른다. 또한 인수자는 자산가치가 현실적인지를 보기 위해서 대차대조표를 철저히 검토하여야 한다. 자산은 종종 회계장부에 기록된 후에 가치로 평가된다. 반대로 기계설비와 재고는 부풀려 놓은 회계장부가치보다 실제가치에 있어서 낮게 평가될지도 모른다.

일반적으로 가치에 있어서 이러한 변화를 인지하기 위한 조정은 회계사의 기록으로 만들어지지는 않지만, 인수자에 의해서 고려되어져야 한다. 그렇지만 재무제표에 대해서 조정한다는 것은 기업의 가치를 평가하기 위한 시발점으로서 제공될 뿐이다.

## 2-2 사업체의 가치평가

기업을 인수하기 위한 의사결정과정에서 인수자는 공정한 가치로 평가된 기업을 인수하여야 한다. 하나의 기업에 가치를 부여한다는 것은 최적의 주어진 상황에서조차도 정확하거나 쉬운 일은 아니다. 기업인수자는 회계감사를 마친 재무제표를 선호할지도 모르지만 일부 회사들은 아직도 은밀하게 재무제표를 작성하는 경우가 있다. 그런 회사들에 대해서는 납세관련자료를 세밀하게 검토해야 할 것이다. 고객과 공급자의 구매서와 영수증 또는 은행거래명세서 등을 주의 깊게 검토하는 것도 도움이 될 수 있다.

기업의 가치를 평가하는 방법은 전형적으로 ① 자산기준가치평가, ② 주가기준가치평가, ③ 순익기준가치평가, ④ 현금흐름기준가치평가 등의 접근방법이 이용된다.

### (1) 자산기준가치평가(Asset-based Valuation Approach)

자산기준가치평가방법은 기업의 가치는 보유하고 있는 자산의 가치를 추정함으로써 결정될 수 있다고 가정하는 것이다. 이러한 접근방법은 장부가치, 수정장부가치, 대체가치, 자산의 청부가치 등으로 추정함으로써 평가할 수 있다.

장부가치(book value)는 재무제표에 나타난 자산에 의해서 기업의 가치를 평가하는 것이다. 표면적으로 드러난 과거자료에 의해서 평가를 하기 때문에 분명하다는 장점을 가지고 있다. 그러나 주의해야 할 점은 기업의 회계처리기준에 따라서 영업비용, 임금, 연구개발비 등을 처리할 수 있기 때문에 자산에 대해서 평가절하 또는 절상될 수 있다는 것이다.

수정장부가치(modified book value)는 과거의 대차대조표에 나타나 있는 자산과 현재가치의 차이를 반영한 수정된 장부가치를 의미한다. 예를 들어 기업이 보유하고 있는 토지, 건물, 유가증권 등은 장부가치와 시장가치에는 많은 차이를 가지고 있을지도 모른다. 이런 경우에는 자산의 가치를 재평가함으로써 가치를 상향 또는 하향 조정할 필요가 있다.

대체가치(replacement value)는 기업의 자산을 현재 구입하는 경우에 발생하는 비용으로 평가된 가치를 말한다. 즉, 기업의 자산을 대체하는 비용에 근거하여 가치를 평가하는 것으로 창업하는 것보다 기존사업체를 인수하는 경우가 유리할 수도 있다.

### (2) 주가기준가치평가(Market-based Valuation Approach)

이 방법은 기업의 가치를 추정하는 데 있어서 자본시장에 근거한다. 주식시장에서 공개적으로 거래되었거나, 최근에 매각된 기업 중에서 유사하게 가치가 부여된 기업의 실제 주식가격으로 평가할 수 있다. 예를 들어 최근에 창업자가 인수하기를 원하는 기업과 비교될 수 있는 위험수준과 성장전망을 가진 기업을 발견했다고 가정할 때 주가/순익비율(price/earnings ratio)을 파악한다.

창업자는 인수하고자 하는 기업의 가치를 평가하기 위해서 최근에 매각된 유사한 기업의 주가/순익비율을 적용하게 된다. 주가기준가치평가는 여러 가지 측면에서 비교를 할 수 있는 어떤 기업을 찾는다는 것은 어려운 일이다. 유사하다 할지라도 같은 업종에서 비교대상이 되는 기업을 찾는다는 것은 단순한 일이 아니다. 그렇지만 동일한 또는 유사한 업종에 있는 비교하기에 이상적인 기업 대신에 유사한 성장률, 재무구조, 자본회전율, 이익률 등을 가진 기업은 찾을 수는 있을 것이다.

어떤 기업의 순익이 결정되면 주가/순익비율을 곱하여 기업의 가치를 결정하게 된다. 예를 들어 어떤 기업의 주가/순익비율이 6이고, 순익이 1억 원이라면 기업가치는 6억 원이 된다. 따라서 이 회사의 소유지분의 시장가치는 약 6억 원이고, 기꺼이 지불해야 하는 합리적인 가격이라고 주장할 수 있다.

### (3) 순익기준가치평가(Earnings-based Valuation Approach)

순익기준가치평가는 미래에 발생될 수 있는 수익에 근거하여 기업의 가치를 추정하는 것이다. 즉, 조정된 순익을 자본화율로 나누어 기업의 가치를 결정한다.

조정된 순익(adjusted earnings)은 특별손익항목을 제외시킨 순익을 말한다. 화재로 인한 재난, 부동산의 손실 등과 같이 예외적인 항목을 감안한다든지, 소유주와 가족 등의 임금이 필요 이상으로 높게 책정되었을 경우 조정할 필요가 있다. 자본화율(capitalization rate)은 미래순익에 대한 기대성장률과 사업에 내포된 위험수준에 근거한다. 기대성장과 위험수준 간에는 다음과 같은 관계가 있다.

첫째, 더 많은(적은) 위험을 내포하고 있는 사업은 더 높은(낮은) 적정자본화율을 요구하게 되고, 이는 낮은(높은) 기업가치에 영향을 준다.

둘째, 더 높은(낮은) 미래순익에 대한 기대성장률은 더 낮은(높은) 적정자본화율을 요구하게 되고, 이는 더 높은(낮은) 기업가치에 영향을 준다. 실제로 자본화율은 가치를 평가하는 사람의 선험적인 인식과 경험에 우선한다.

예를 들어 어떤 평가자가 기업의 유형에 따라 자본화율을 적용하면서 경기침체에 잘 대처할 수 있도록 설계되어 있는 기업에는 15%, 일반적인 관리능력이 요구되지만 고도의 경쟁적 환경하에서 운영되는 기업에는 25%, 개별 또는 소규모 관리자그룹의 특별한 경영기술에 의존하는 기업에는 50%를 적용한다고 가정해 보자. 어떤 기업에 대한 조정된 순익이 1억 3천만 원(세전 순익), 소유주의 공정한 급여가 5천만 원이라고 한다면, 평가자는 소유주의 급여가 공제된 후의 남은 순익 8천만 원을 자본화한다고 평가할 것이다. 평가자가 25%의 자본화율을 적용할 경우, 기업의 가치는 3억 2천만 원(8천만 원/0.25)이 된다.

### (4) 현금흐름기준가치평가(Cash Flow-based Valuation Approach)

순익기준가치평가가 현실적으로 많이 이용된다 할지라도 현금흐름보다는 순익에 의해서 가치를 부여한다는 개념적인 문제점을 내포하고 있다. 투자자나 소유주의 시각에서 보면, 기업의 가치는 장부상의 순익, 특히 당해 연도의 순익이 아닌 미래현금흐름에 근거해야 한다. 가치가 순익에 의해서 파악될 수 있는 과정이 너무 복잡하다. 즉, 미래현금흐름 또는 현금흐름의 감소, 악화에 영향을 주지 않는 동안에도 기업의 순익에 양호하게 영향을 줄 수 있도록 하는 방법들이 많이 있다(일반적인 회계기준을 사용한다고 할지라도).

사업체를 인수한다는 것은 금융기관에 예금하는 것과 같이 유사한 투자개념을 가지고 있다. 투자자가 현금(자금)에 관심을 가지고 있을 경우, 은행과 거래하여 계정을 만들고 미래현금흐름을 이자형태로 받을 것이다. 유사하게, 투자자가 회사를 인수하였을 경우에는 투자된 자본과 관련하여 보상을 받을 것이다. 현금흐름에 근거한 평가는 예상투자수익률과 투자의 만족을 결정하는 기대수익률을 비교함으로써 결정된다. 즉, 회사의 미래현금흐름의 현재가치는 두 단계를 거쳐 평가하게 된다. 첫 번째는 투자자에 의해서 기대할 수 있는 미래현금흐름을 추정하는 일이다. 두 번째는 적정한 할인율(discount rate)을 적용하여 이들의 현재가치를 평가하게 된다. 그러나 어떤 사업을 인수할 때 사업에 대한 가치의 평가는 사업의 투자자금에 대한 투자수익뿐만 아니라 자신의 시간과 노력, 창업팀에 대한 고려, 기타 비금전적인 수익 등을 종합적으로 판단해야 한다. 따라서 현금흐름기준에 따라 가치평가를 하는 경우 사업의 특성에 따라 비금전적 수익에도 다양하게 영향을 미치기 때문에 사업가치 평가로서 한계점을 가지고 있다.

### 2-3 기타 가치평가에 고려되는 비계량적 요인

- **경쟁력**: 경쟁업체의 위치와 경쟁수준
- **시장**: 적정 잠재고객을 보유, 시장조사를 통한 분석
- **법적 문제**: 현재 시행하고 있는 법령을 수정함으로써 사업에 영향을 미칠 수 있는지 여부
- **노동조합**: 노조의 성향 및 소유주와의 관계
- **건물**: 노후 정도 및 편리성
- **가격**: 가격경쟁력, 판매량

## 3 창업의 구성요소와 창업결정 요인

### 3-1 창업구성요소

기업을 설립하려면 필수적으로 요구되는 몇 가지 요소들이 있다. 그중에서 가장 기본적인 요소로 창업자, 아이템, 자본이라고 하는 창업의 3대 요소가 있다.

#### (1) 창업자

창업자는 특정 아이디어와 자본을 가지고 기업을 설립하려는 사람이다. 설립자는 기업의 설립은 물론 경영의 주체로서 경영목표, 기업이미지, 기업성장 등에 영향을 미치는 중요한 요소이다. 창업자는 기업가정신(entrepreneurship)을 가지고 창업 팀(business team)을 구성함으로써 사업을 시작할 수 있는 준비를 하게

된다. 사업계획서를 작성함에 있어서 창업팀의 구성은 매력적인 사업계획서의 중요한 역할을 하게 된다.

### (2) 아이템

사업 아이템은 창업을 하게 되는 결정적인 요소로서 기업이라는 시스템의 산출 또는 생산품을 규정하는 것이다. 이러한 생산품은 물리적으로 구체적인 형태를 가진 재화일 수도 있고, 물리적인 규정이 불가능한 서비스일 수도 있다.

그 외에 발명품, 기존상품, 국내에 소개되는 외국상품 등도 창업기업의 생산품이 될 수 있다. 즉, 어떤 아이템을 가지고 창업하느냐 하는 문제이다. 창업의 성공가능성을 높이기 위해서는 그 업종에서 선도적이어야 하며(be first), 제품 · 서비스가 탁월해야 하고(be best), 차별성을 가지고(be unique), 적정한 수익을 창출할 수 있는(be profitable) 아이템이어야 한다.

일반적으로 검토되어야 할 항목들은 다음과 같다.

- 사업타당성분석(성장성, 수익성, 기술성, 시장성)
- 인 · 허가요건
- 기타(규모, 유형, 입지)

### (3) 자금

자본은 창업자가 의도하는 기업을 실현하는 데 필요한 기계설비, 원자재, 인력 등을 동원하는데 요구되는 원천적 자원이다. 창업자본을 제공하는 사람은 창업자 자신 또는 개인투자가, 모험자본가(venture capitalist), 정부, 금융기관 또는 창업투자회사일 수도 있다.

창업과정에서 소요되는 창업자금과 창업 후의 운전자금을 어떻게 운용할 것인지, 그리고 장 · 단기자금을 어떤 자금원천으로부터 조달할 것인지, 장기적으로 안정된 자금수혈을 위해서 어떻게 할 것인지를 전략적으로 구상하여야 한다.

## 3-2 창업결정요인

창업의 3대 요소(창업자, 아이템, 자금)를 창업을 위한 1차적인 요소라고 하면, 이와 관련하여 구체적으로 창업을 위해서 고려되어야 할 요소들은 무엇인가 살펴볼 필요가 있다.

창업과정상에서 직면하게 되는 주요 결정요인은 시장성, 기술성, 경제성, 정부정책(제도) 그리고 경영능력에 관련된 요인으로 분류할 수 있으며 세부요인의 내용은 다음과 같다.

### (1) 시장성

- **시장성장성**: 아이템(제품 또는 서비스)의 시장에서의 성장가능성
- **예상시장점유율**: 아이템이 시장에 출시되었을 때 예상되는 시장에서 차지하는 정도
- **유통경로**: 원자재 또는 제품이 분배 · 수집되는 과정(절차)의 원활한 정도
- **가격경쟁력**: 아이템이 시장에 출시되었을 때 타사의 경쟁제품에 대한 가격의 경쟁우위

### (2) 기술성

- **국산화 정도**: 완제품생산을 위해 소요되는 생산기술 중에 국내기술이 차지하는 정도
- **기술인력확보**: 완제품 가공 및 생산을 위해서 요구되는 기술인력의 확보 정도
- **기술집약도**: 제품생산을 위해 요구되는 기술 중에서 첨단하이테크의 확보 정도
- **생산기술능력**: 완제품생산을 위해 요구되는 기술(소재, 가공, 조립, 포장 등)의 확보 또는 운영능력

### (3) 경제성

- **공장(건물)부지**: 제품생산을 위한 공장(건물)부지
- **기계(장치)설비**: 제품을 생산하기 위한 공장의 기계(장치)설비
- **운전자금**: 사업을 운영하기 위한 원자재, 인건비, 제조경비 등에 투하되는 자본
- **수익성**: 창업을 했을 경우 예상되는 아이템에 대한 매출액 대비 이익

### (4) 정부정책(제도)

- **정부지원품목**: 중소기업을 보호 · 육성하기 위해 정부에서 중점적으로 적극 지원하는 대상품목(아이템)
- **정책자금지원**: 창업을 위해 정책적으로 지원하는 자금의 종류 및 자금의 지원규모, 조건(금리, 원리금상환 등)
- **환경규제문제**: 제품생산과정에서 환경오염(공해유발)과 완제품 폐기 시 재활용 및 환경규제와의 관련성 정도
- **세제지원**: 정부로부터 적극적인 지원을 받는 세제감면의 혜택항목

### (5) 경영능력

- **자금조달능력**: 창업 및 원활한 기업운영을 위해서 요구되는 운영자금의 조달능력
- **판매 · 서비스능력**: 제품의 판매(판매촉진) 및 A/S와 고객관리능력
- **조직 · 인력관리능력**: 기업의 조직 · 운영 및 효율적인 구성원의 인력관리능력
- **동종 및 관련 산업관리능력**: 창업 아이템(제품)과 관련된 제품 및 산업의 예측과 분석능력

## 3-3 필요자원 확보

창업을 위해서 요구되는 자원은 사업을 위한 인력, 창업자금 및 운전자금, 공

장 · 설비, 기타 사업계획서에서 요구되는 사항 등이 있다. 이들 자원의 접근방법은 필요하기 전에는 자원을 과다투입하지 않고 최소자원을 활용하여야 하며 다단계에 걸친 자원의 확보방안을 모색해야 한다. 필요할 경우에는 외부자원을 적극 활용하는 방법도 생각해야 한다.

창업자금의 마련과 창업 후의 원활한 자금수혈을 위해서는 자금조달원천의 정보파악이 무엇보다도 중요하다. 자금조달의 중요한 원천은 매력적인 사업계획서와 창업팀의 구성이라고 볼 수 있다.

## 4 창업의 환경 및 과제

### 4-1 창업환경

#### (1) 내부환경

창업에 영향을 미치는 내부환경요인으로는 기업의 조직구조와 창업자, 그리고 전략과 관련된 요인들로 설명될 수 있으며 이들은 경영성과에 영향을 미칠 수 있다.

**① 조직구조**

조직구조는 경영자로부터 종업원에 이르기까지 권한과 커뮤니케이션의 일련의 의사소통과정을 나타낸다. 우리나라 벤처기업들은 대기업에 비해 상대적으로 작은 계층구조와 분권화된 의사결정구조를 가짐으로써 신속한 의사결정을 이루는 것으로 나타났다. 특히, 구성원의 잠재적인 창의성과 자발성이 중요한 업종에서는 자율적인 직무수행은 매우 중요한 요소로 강조된다.

**② 창업자**

창업자의 특성은 사업계획과 운영에 많은 영향을 주며, 창업동기나 역량, 그리고 행동을 통해 실천된다. 창업자의 신뢰성 있는 행동과 네트워킹 활동은 중요한 정보의 수집 및 외부자원의 조달에 있어서 중요할 수 있다. 뿐만 아니라 내부적인 결속이나 전략적인 활용에 있어서도 신뢰성과 네트워킹은 중요한 역할을 할 수 있다. 그리고 타인이 포착하지 못한 사업기회를 포착할 수 있는 능력과 조직을 관리할 수 있는 능력이 무엇보다도 요구된다.

③ 전략

내부환경으로서의 전략은 기업 내부의 모든 부문에서 행하는 의사결정에 영향을 미치게 된다. 예를 들어 우수한 제품공급과 마케팅 혁신에 의한 차별화 전략, 원가우위전략, 외부자원을 적극적으로 활용하여 외부와 긴밀한 협력적 관계를 유지하기 위한 외부자원 활용전략 등이 있다.

### (2) 외부환경

창업에 영향을 미치는 외부환경요인은 경제적 환경, 정치 · 사회적 환경, 시장환경, 기술적 환경요인 등으로 설명될 수 있다.

① 경제적 환경

경제적 환경에는 경제체제, 산업구조, 정부의 재정 및 금융정책, 경기흐름, 시장구조, 소비성향 등이 있다. 특히, 자금조달가능성 측면에서 보면 정부의 정책금융 축소 및 금융기관규제의 완화, 금리 및 자본자유화 등에 의해 시장원리가 종래보다 훨씬 강화될 것으로 보인다. 또한 외환 및 자본자유화가 추진되어 자금의 국내외 유출입이 자유로워지고 금융산업의 개방이 활발히 진행되고 있다. 아울러 중소벤처기업부에서는 각종 금융 및 세제지원 등을 확대하고 중소벤처기업 창업자금지원, 중소기업 경영안전자금지원, 중소기업 개발기술사업화, 소상공인창업 및 경영개선지원자금, 협동화사업자금지원 등을 적극적으로 추진하고 있다.

② 정치 · 사회적 환경

1990년대 이후 정치 · 사회적 환경 변화는, 첫째 경제의 고도화 · 복잡화로 기업은 자체의 인력을 통한 정보획득이나 전략적 제휴 등을 통한 정보교류로 효율적인 정보수집활동을 행할 수 있게 되었다. 둘째, 정책금융의 축소, 금융자율화 및 자본자유화의 진전과 함께 공기업의 민영화, 규제완화, 지방자치제 실시 등으로 정부가 실행가능한 정책수단의 폭을 좁히고 있다. 따라서 앞으로는 시장원리가 적용되는 범위와 정도가 높아질 것으로 예상된다.

③ 시장환경

1990년대 이후의 시장환경의 변화는 가격경쟁력에 기초한 제품시장에서 품질이나 기술경쟁력에 기초한 제품시장으로의 변화이다. 이러한 변화의 배경은 임금의 대폭 상승 및 후발개도국의 추격, 다국적기업의 세계화, 시장개방 압력이라고 볼 수 있다. 생산방식의 측면에서 보면 다품종소량생산방식 혹은 변종변량생산방식의 확립이 경쟁력 확보의 전제조건으로 요청되고 있다. 왜냐하면 시장의 구매력이 포화상태에 이르게 되면 대량생산으로 제품가격을 낮추는 것만으로는 시장 확보를 기대할 수 없고 소비자의 다양한 욕구를 충족시킬 수 있는 제품만 팔릴 수 있기 때문이다.

④ 기술적 환경

기술적 환경은 재화 및 서비스의 생산과 관련되는 지식의 상태를 나타내는 것으로 어떤 일을 하는 방법에 관한 숙련된 지식인 노하우에 관련된 환경을 의미한다. 특히 벤처기업의 경우, 기술혁신에 의한 기술경쟁력은 기업의 글로벌 경쟁력을 판가름하는 요인 중의 하나이다. 이러한 기술적 환경은 정보기술, 생명공학, 공장자동화, 컴퓨터 지원설계 및 생산시스템 등이 포함되며 최근에 로봇기술, 생명공학, 유전공학, 정밀화학, 멀티미디어공학 등에 의한 새로운 제품 및 서비스의 창출이 확산되고 있다.

또한 인터넷에 의한 기업환경 변화는 정보파괴, 시장파괴를 초래하고 공간적 · 시간적 제한이 없는 쌍방향 커뮤니케이션을 가능하게 하였다.

## 4-2 창업의 성공과 실패

### (1) 창업 성공률

창업 성공률은 창업 후 특정 기간까지 생존하는 비율을 말한다. 창업 중소기업이 지속적으로 성장 · 발전한다는 것이 매우 어렵다는 사실은 많은 연구를 통해서 밝혀지고 있다. 우리나라에서는 아직 정확한 통계가 나와 있지는 않지만 미국의 경우, 창업실패율(도산기업 누적비율)을 보면 창업 후 1년 이내 도산한 경우가 24.1%, 5년 이내 40.1%, 10년까지는 91.7%로 나타났다. 또한 기업규모가 작을수록 생존율이 낮은 것으로 나타났다. 이는 중소기업이 초기에 도산할 가능성이 크며 규모가 크고 창업년수가 어느 정도 지나야 안정적인 기업을 운영할 수 있다고 볼 수 있다.

### (2) 창업의 성패요인

창업을 성공적으로 이끌기 위해서 고려해야 할 요인들을 결정하는 것은 어려운 일이지만 일반적으로 다음과 같이 제시할 수 있다.

- 제품에 대한 시장의 적정한 제공
- 충분한 자본의 확보
- 효율적인 인력의 모집과 이용
- 정확한 정보의 이용과 획득
- 효과적인 정부정책의 이용
- 창업분야의 전문성을 가진 창업자와 고용자
- 효과적인 시간관리

그 밖에 외적 또는 환경적인 요인에 의한 실패요인들은 다음과 같다.

- 인력난
- 자금조달의 어려움
- 비효율적인 조세지원
- 과도한 규제
- 새로운 소비성향
- 특허 남용

미국의 경우, 창업실패 원인을 보면 경제적 · 시장요인 47.4%, 재정적 어려움 38.4%, 사업경험의 미숙 7.1%, 기타 7.1%로 나타났다. 한국은행이 조사한 한국기업의 부도원인을 보면, 판매부진, 매출채권 회수부진, 설비 불량, 관련기업 부도, 자금수급계획 차질 등으로 나타났다. 미국의 경우 성공기업의 특징을 살펴보면 다음과 같다.

- 잠재력이 높은 사업을 선택하는 기업(매출액이 50만 달러에서 100만 달러 수준, 연평균 성장률 10% 이상)
- 매력적인 기회를 추구하는 능력과 경험 있는 사업가를 보유한 기업
- 성장가능성이 높은 사업을 선택한 기업(장기적인 가치창조, 지속적인 이윤 창출)
- 모험자본이 투자된 기업(도산율이 15～20%)

## 4-3 창업의 증가와 과제

### (1) 창업의 증가

21세기의 지식 · 정보화시대에 접어들면서 산업구조의 변화, 급속한 IT기술의 진전, 인터넷 비즈니스의 확대 등으로 창업기회가 많아지고 있는 현실을 감안해 볼 때 구체적인 이유는 다음과 같다.

- 창업에 따르는 투자규모가 작아도 고부가가치 창출
- 수요자욕구의 다양화
- 기술변화의 가속화
- 자신의 사업을 하고 싶어 하는 젊은이의 가치관
- 조기퇴직자, 여성들의 사회진출 통로
- 국가적인 지원과 퇴직자 고용창출

### (2) 창업에 대한 과제

국내외 경제환경의 변화와 시장이 대형화 또는 단일화됨에 따라 창업은 국민경제의 기반이자 성장잠재력의 원천으로서 그 중요성이 더욱 대두되고 있다. 반면에 다음과 같은 과제를 안고 있다.

- 대형할인매장의 성장
- 정보기술과 인터넷의 확산
- 글로벌경제의 출현

# 2장

# 사업 아이디어와 기회분석

1. 사업 아이디어
2. 혁신
3. 기회인식
4. 기회분석계획
5. 제품계획 및 개발과정
6. 전자상거래와 창업

# 2장 사업 아이디어와 기회분석

## 1 사업 아이디어

### 1-1 사업 아이디어의 원천

사업 아이디어의 원천은 제1장에서 살펴본 바와 같이 학자의 견해에 따라서 다르게 분류될 수 있지만 창업자의 아이디어의 원천으로써 고객, 현존제품 및 서비스, 유통채널, 정부정책(제도), 그리고 연구개발 등을 포함할 수 있다.

#### (1) 고객

창업자는 지속적으로 잠재고객에 대해 관심을 가져야 한다. 이러한 관심은 고객의 잠재적 아이디어 및 욕구를 비공식적 형태로 모니터링할 수 있으며 또는 고객의 의견을 수렴할 수 있는 공식적인 자리를 마련할 수도 있다. 고객에 대한 관심은 아이디어 또는 욕구가 새로운 벤처를 지원하기 위해 충분히 큰 시장을 창출할 수 있다는 것을 강조할 필요가 있다.

#### (2) 기존제품과 서비스

창업자는 시장에서 경쟁력 있는 제품과 서비스를 평가하고 모니터링하기 위한 방법을 공식화해야 한다. 이러한 분석을 통해서 판매량과 수익성을 증가시키고 시장에 더 호소할 수 있는 새로운 제품과 서비스의 향상을 모색하는 결과를 초래할 수 있다.

### (3) 유통채널

유통채널의 구성원은 시장의 욕구와 밀접한 친밀성을 가지고 있기 때문에 새로운 아이디어의 원천이 될 수 있다. 그들은 새로운 제품을 위한 정보를 서로 소통할 뿐만 아니라 새롭게 개발된 제품을 시장에 소개하는 데 도움을 줄 수 있다. 하나의 예로 창업자가 자사제품의 양말이 백화점에서 잘 팔리지 않는 이유가 색깔 때문이었다는 것을 점원을 통해서 발견하게 되었다. 점원의 제안을 받아들여 적절한 색깔로 변화시킴으로써 그 회사는 선도적인 양말 납품회사가 되었다고 한다.

### (4) 정부기관

정부기관은 두 가지 측면에서 새로운 아이디어의 원천이 될 수 있다. 첫째, 특허청에 등록되어 있는 수많은 제품목록을 통해서 가능성을 탐색할 수 있다. 즉, 특허 자체가 가능하지 않다 할지라도 그들을 통해서 또 다른 시장가능성 있는 제품 아이디어를 제시할 수 있다. 그 이외에 중소벤처기업부, 창업지원 관련기관과 출판물 등이 특허를 모니터링하는 데 도움을 줄 수 있다. 둘째, 정부의 규제에 대한 대응을 통한 아이디어를 탐색할 수 있다. 예를 들어 종업원의 안전과 건강을 위해서 3인 이상의 사업체에서는 구급상자를 구비해야 한다는 법령이 제정되었다고 하면 회사의 유형에 따라서 준비해야 할 구급상자는 다양할 것이다. 따라서 법령에 규정된 산업별, 업종별, 규모별로 표준화된 구급상자를 개발하여 판매하는 회사의 설립이 가능할 것이다.

### (5) 연구개발

새로운 아이디어의 가장 큰 원천은 창업자 자신의 연구개발 노력이다. 이러한 연구개발은 현재의 일을 통해서 또는 창고나 지하실의 개인 실험실에서 비공식적인 실험을 통해서 이루어질 수 있다.

## 1-2 새로운 아이디어의 생성

유용한 아이디어의 원천이 매우 다양하다 할지라도 새로운 벤처를 위한 아이템으로 확신하기까지는 문제점을 내포하고 있다. 창업자는 새로운 아이디어를 시험하고 일반화하기 위한 방법으로 포커스그룹, 브레인스토밍, 기존문제분석 등을 사용할 수 있다.

### (1) 포커스그룹(Focus Groups)

포커스그룹은 1950년대 이후 다양한 목적을 위해서 이용되어 왔다. 사회자는 참석자들에게 단순하게 의견을 묻는 방법이라기보다는 공개적으로 전문가집단을 통하여 의견을 수렴한다. 새로운 제품개발을 위해서 사회자는 직·간접적인 형식으로 토론을 진행한다. 8명 내지 14명으로 구성된 그룹은 시장의 욕구충족을 위한 새로운 제품의 개발과 창의적인 아이디어를 개념화하는 데 있어서 다른 그룹 구성원들의 의견에 의해서 모의 실험된다. 예를 들어 여성의 슬리퍼시장에 관심을 가지고 있는 어떤 회사가 서울지역에 다양한 사회경제적 배경을 가지고 있는 12명으로 구성된 포커스그룹으로부터 "고전미를 갖춘 편안하고 따뜻한 슬리퍼"를 위한 신제품 개념에 대한 의견을 받았으며, 이는 성공적인 시장을 위해서 새로운 여성 슬리퍼로 개발되었다. 광고 메시지의 주제까지도 포커스그룹의 의견이 반영되었다.

포커스그룹은 새로운 아이디어를 일반화하기 위해서 초기의 아이디어를 스크린하고 개념화하는 데 적절하다. 포커스그룹을 만든다는 것은 새로운 제품 아이디어를 일반화하기 위한 유용한 방법이며 여러 절차의 유용한 이용을 위해서, 결과는 보다 계량적으로 분석될 수 있다.

### (2) 브레인스토밍(Brainstorming)

브레인스토밍은 창의력을 발휘하기 위한 그룹을 형성함으로써 향후 제품개발의 기본방향을 설정하기 위해서 아이디어를 일반화하기 위한 방법이다. 그룹으로부터 일반화된 아이디어의 대부분이 향후 개발을 위한 기본틀은 가지고 있지 않지만 가끔은 유용한 아이디어가 출현하기도 한다. 브레인스토밍이 특정한 제품이나 시장을 대상으로 한정될 때 더 큰 결과를 초래하는 경우가 종종 있다. 브레인스토밍을 적용할 경우 4가지 규칙을 정리하면 다음과 같다.

- 그룹 내에서 어느 누구도 부정적인 비평은 허용되지 않는다.
- 다듬어지지 않은 아이디어도 자유분방하게 제안할 수 있다.
- 유용한 아이디어의 출현가능성을 높이기 위해서 많은 아이디어가 요구된다.
- 아이디어들끼리의 조합과 개선을 위한 격려가 필요하다.

브레인스토밍은 토론을 억제하거나 한 사람이 독점하지 않고 흥미로워야 한다. 어떤 은행은 기업 고객에게 양질의 정보를 제공하기 위한 저널을 개발하기 위해서 성공적인 브레인스토밍을 사용하였다. 경영진들 간에 브레인스토밍은 시장의 특성, 정보의 내용, 발간횟수, 그리고 은행을 위한 저널의 광고효과 등에 초점을 두었다. 한번은 미국의 '포천(*Fortune*)' 1,000대 기업 부회장으로 구성된 포커스그룹이 새로운 저널의 형식과 타당성, 그리고 가치를 논의하기 위해서 세 도시(보스턴, 시카고, 댈러스)에서 개최되었다. 그 결과 당시 시장의 의견이 잘 반영된 새로운 금융저널을 위한 근간으로써 제공된 경우가 있다.

### (3) 기존문제분석(Problem Inventory Analysis)

기존문제분석은 새로운 제품의 아이디어를 얻기 위해서 포커스그룹과 유사한 방법으로 사용된다. 특정 제품 자체의 새로운 아이디어를 개발하는 대신, 소비자들이 일반적 제품 카테고리에서 문제점에 대한 목록을 제공한다. 그리고 그들은 특정 문제를 가진 카테고리 내에 있는 제품을 논의하고 식별하기 위해서 질문을 받게 된다. 이 방법은 전반적인 신제품 자체의 아이디어를 얻기보다는 기존제품에 관련해서 제안된 문제들을 통해서 신제품 아이디어를 보다 쉽게 도달할 수 있기 때문에 종종 효과적으로 이용된다. 기존문제분석은 신제품 아이디어를 테스트하기 위해서도 사용될 수 있다.

예를 들어 식품산업에 적용한다고 할 경우, 가장 중요한 것은 제품의 특성(무게, 맛, 포장, 원가)에 대한 문제점의 철저한 목록을 개발하는 것이다. 예를 들어 어떤 식품회사는 씨리얼 상자가 선반의 크기에 적합하지 않다는 문제를 해결하기 위해서, 상자의 포장 크기가 소비자 행위에 영향을 미치지 않는다고 판단하여 작은 크기의 포장 상자를 도입하였는데 성공적이지 않았다. 이와 같이 기존문제분석은 새로운 사업기회에 반영되지 못할 수 있기 때문에 조심스럽게 평가되어야 한다. 이 방법이 최선의 결과를 확보하기 위해서는 1차적으로 제품 아이디어를 평가하는 데 사용되어야 한다.

## 1-3 창의적 문제해결

창의성은 창업자의 중요한 특성 중의 하나이다. 더욱이 창의성은 연령, 교육, 사용결핍, 관료성향 등에 따라서 감소하는 경향이 있다. 창의성은 일반적으로 취학하는 시점에서부터 점차 단계적으로 감소한다. 10대에 들어서면서 창의성이 저하되기 시작해서 30, 40, 50대로 갈수록 점차 줄어들게 된다. 또한 개별적인 창의력의 잠재성은 인지적, 문화적, 감정적, 조직적인 요인들에 의해서 억제될 수 있다. 창의성은 다음과 같은 창의적 문제해결기법에 의해서 혁신적이고 창의적인 아이디어가 일반화될 수 있다.

### (1) 브레인스토밍(Brainstorming)

브레인스토밍은 창의적 문제를 도출하고 아이디어를 일반화하는 데 널리 이용되며 가장 잘 알려진 기법이다. 창의적 문제를 도출하는 데 있어서, 브레인스토밍은 참가자들의 임의적인 공헌을 통해서 제한된 시간 내에 아이디어를 일반화할 수 있다. 바람직한 브레인스토밍은 너무 광범위하거나 협소한 문제를 다룸으로써 시작하지 않는다. 하나의 주제가 정해지면 6명 내지 12명의 참가자가 선택된다. 반응을 회피하는 것을 방지하기 위해서 문제의 분야에 전문가가 그룹의 일원으로 포함되었다고 인식되어서는 안 된다. 모든 아이디어는 아무리 비논리적이라 할지라도 참가자들이 브레인스토밍 동안 평가 또는 비평을 하지 않은 채로 기록되어야 한다.

### (2) 역브레인스토밍(Reverse Brainstorming)

역브레인스토밍은 브레인스토밍과 비슷하나 예외로 비평이 허용된다는 것이다. 이 기법은 "이 아이디어가 실패로 끝날 수 있는 문제점들이 얼마나 많은가?"라는 질문으로부터 모순점을 발견한다는 데에 근간을 두고 있다. 관심의 대상이 제품, 서비스 또는 아이디어의 부정적인 측면에 있기 때문에 그룹의 사기를 유지시키기 위해 관심을 가져야 한다. 이 방법은 혁신적인 생각을 자극시키기 위해서 다른 기법을 적용하기 전에 효과적으로 사용될 수 있다. 기법을 진행하는 과정은 하나의 아이디어에 대한 모든 문제점을 찾아내는 것을 포함하게 되는데 보통 토의방식을 수행한다. 역브레인스토밍은 새로운 아이디어를 도출한다기보다는 하나의 아이디어에 대해서 개별적인 문제점을 비평함으로써 가치 있는 결과를 이끌어낸다.

### (3) 브레인라이팅(Brainwriting)

브레인라이팅은 서식으로 표현하는 브레인스토밍이다. 이 기법은 참가자들에게 생각할 수 있는 시간을 더 많이 준다는 점에서 기존의 브레인스토밍과 차이가 있다. 브레인라이팅은 그룹의 아이디어를 서식으로 표현함으로써 소리 없이 진행된다. 참가자들은 보통 6명으로 구성되며 그룹 내에서 통용되는 일정한 형식의 양식이나 카드에 그들의 아이디어를 작성하게 된다. 각 그룹의 참가자는 5분 동안 3개의 아이디어를 작성하고 옆자리의 참가자에게 전달하며 각각 작성된 양식이 모든 참가자들에게 전달될 때까지 진행된다. 진행자는 시간간격을 모니터하고 각 그룹의 요구에 따라 참가자들에게 주어진 시간을 줄이거나 늘릴 수 있다. 이 방법을 약간 변형시켜서 적용하기 위해 참가자들은 각자의 사무실에서 양식을 이메일로 전달할 수 있으며 이런 경우에는 시간간격이 더 길어질 수 있다.

### (4) 고든법(Gordon Method)

고든법은 다른 창의적 문제해결방법과는 달리 그룹의 구성원들이 문제의 정확한 특성을 파악하지 못한 상태에서 시작된다. 이 방법은 결과가 사전에 형성된 아이디어와 행위적 형식에 영향을 받지 않는다. 일반적으로 창업자는 문제와 연관된 일반적 개념을 언급함으로써 아이디어를 찾기 시작한다. 고든법에 의해서 구성된 그룹은 구성원의 아이디어를 표현함으로써 반응하게 된다. 하나의 새로운 아이디어에 대한 개념은 창업자에 의해서 관련된 개념들이 수정되고 향상된다. 그때 실질적인 문제가 표출되고, 그룹은 최종적인 아이디어의 개선 또는 적용을 위한 제안을 할 수 있게 된다.

### (5) 체크리스트법(Checklist Method)

체크리스트법은 새로운 아이디어가 제안된 또는 관련된 이슈의 목록을 통해서 개발된다. 창업자는 특정 아이디어 영역에 한정해서 또는 전적으로 새로운 아이디어의 개발 방향을 제시하기 위한 지침 또는 질문목록들을 사용할 수 있다. 체크리스트는 일정한 분량의 형식이 적용될 수 있다. 일반적인 체크리스트의 문항들은 다음과 같다.

- **용도전환**: 새로운 사용방법은? 수정된다면 다른 용도는?
- **응용**: 다른 무엇이 있는가? 제안할 수 있는 다른 아이디어들은 무엇인가? 과거 제안했던 것과 유사한가? 무엇을 모방할 수 있는가? 누구를 모방할 수 있는가?

- **수정**: 새로운 변형인가? 변화의 의미가 색상, 동작, 향기, 형식, 형태인가?
- **확대**: 무엇이 추가되었나? 더 많은 시간? 더 많은 횟수? 더 강한가? 더 큰가? 더 얇은가? 추가된 가치? 추가된 성분? 이중으로 사용? 다양하게 사용? 과장된 것?
- **축소**: 무엇이 대체? 더 작아졌는가? 압축? 축소? 더 낮아졌는가? 더 짧아졌는가? 더 가벼워졌는가? 생략? 유선형으로 되었는가? 분해되었는가? 과소?
- **대체**: 누구를 대신? 무엇을 대신? 다른 성분? 다른 원자재? 다른 과정? 다른 힘? 다른 장소? 다른 접근?
- **재정리**: 부분품 교환? 다른 패턴? 다른 배치? 다른 순서? 인과의 전환? 궤도 변화? 일정 변경?
- **역(reverse)**: 음양의 전환? 상대방은 어떠한가? 후진으로 전환? 아래쪽으로 전환? 역할이 반대? 신발이 변화? 테이블을 전환?
- **조합**: 혼합, 합금, 종합, 합주에 대해서는 어떠한가? 단위들을 결합? 목적을 결합? 관심을 결합? 아이디어를 결합?

### (6) 자유연상법(Free Association)

창업자가 새로운 아이디어를 일반화시키기 위한 가장 단순한 방법 중의 하나가 자유연상법이다. 이 기법은 하나의 아이디어에 대해서 전반적으로 새로운 견해를 개발하는 데 유용하다. 즉, 특정 문제에 관련된 단어나 어휘가 선정되고, 새로운 어떤 것이 첨가되기 위해서 또 다른 새로운 단어들이 연속적인 연상과정을 통해서 연결된다. 결국 새로운 제품 아이디어의 출현으로 아이디어의 연결고리가 완성된다.

### (7) 강제 관련법(Forced Relationships)

이 기법은 어떤 제품 간의 관련성을 강제적으로 관련시키는 과정에서 유래되었다. 새로운 아이디어를 개발하기 위한 노력으로 제품이나 대상에 대해서 질문을 하는 기법이다, 새로운 결합과 궁극적인 아이디어가 다음의 5단계 과정을 통해서 개발된다.

- 1단계: 문제의 요인들을 분류한다.
- 2단계: 이들 요인들 간의 관련성을 발견한다.
- 3단계: 요인들 간의 관련성을 기록한다.
- 4단계: 패턴이나 아이디어를 구하기 위해서 관련성의 결과를 분석한다.
- 5단계: 이들의 패턴으로부터 새로운 아이디어를 개발한다.

### (8) 집단적 기록법(Collective Notebook Method)

집단적 기록법에서는 문제에 대한 서술과 관련된 참고자료를 포함하는 노트가 제공된다. 참가자들은 문제에 대한 해결책과 아이디어의 기록을 하루에 적어도 한 번 이상 노트에 기록한다. 참가자들은 누적된 기록을 참고로 1주일 또는 일정한 기간 후에 가장 좋은 아이디어를 제안하게 된다. 이 기법은 아이디어를 제공하는 참가자들로 구성된 그룹과 문제에 대한 자료를 제공하고 참가자들의 아이디어를 수집 · 정리하는 진행자의 역할이 중요하다. 참가자들에 의해서 제시된 의견의 요약은 최종적으로 창의적인 그룹 토론의 주제가 된다.

### (9) 속성나열법(Attribute Listing)

속성나열법은 하나의 아이템이나 문제의 속성들을 나열하기 위한 창업자가 요구되며 그들의 다양한 관점에서 검토하는 아이디어 탐색기법이다. 이러한 탐색과정을 통해서 원래 관련이 없던 속성들이 하나의 새로운 조합을 형성함으로써 더 나은 욕구를 충족시키는 새로운 아이디어를 창출할 수 있다.

### (10) 빅드림 접근법(Big-Dream Approach)

새로운 아이디어를 실현시키기 위한 빅드림 접근법은 문제점과 그에 대한 해결책에 대한 창업자의 폭넓은 생각이 요구된다. 모든 가능성이 요구되는 자원이나 부정적인 측면에 관계없이 탐색된다. 아이디어가 실현가능한 형태로 개발될 때까지 어떤 제약조건과 관계없이 개념화되어야 한다.

#### (11) 파라미터 분석법(Parameter Analysis)

이 기법은 문제의 해결을 위한 파라미터를 발견하는 것과 창의적 합성이라는 두 가지 측면을 내포하고 있다. 첫 번째 단계(파라미터의 발견)는 상대적인 중요성을 결정하는 상황에서 변수들을 분석하는 것을 포함한다. 이들 변수들은 다른 변수들과 관련해서 탐색의 핵심이 된다. 우선적인 이슈가 탐색된 후, 다루어지고 있는 이슈를 표현하는 파라미터들 간의 관련성이 실험된다. 파라미터와 관련성의 평가를 통해서 하나 이상의 아이디어가 개발되는데 이러한 과정을 통한 해결책을 창의적 합성이라 부른다.

## 2 혁신

혁신(Innovation)은 기업, 지역 또는 국가의 경제적 도약을 위한 핵심이다. 기술의 변화로 인하여 기존제품의 판매량이 감소하고 기존산업이 사라지기도 한다. 신제품과 혁신은 어떤 경제적 단위를 형성하는 구성요소가 된다. 토마스 에디슨은 "혁신적인 천재는 1%의 영감과 99%의 노력으로 이루어진다"라고 하였다.

### 2-1 혁신의 유형

아이디어의 독창성에 따라 혁신의 수준은 다양하다. 독창성의 정도가 감소함에 따라 새로운 발견, 기술적 혁신, 통상적 혁신 등 3가지 유형으로 구분할 수 있다.

### (1) 새로운 발견(Breakthrough)

- 최소한의 혁신
- 개발영역 내 미래혁신의 기반(주춧돌)을 구축
- 특허, 기업기밀, 저작권 등에 의해서 보호
- 페니실린, 스팀엔진, 컴퓨터, 비행기, 자동차, 인터넷 등

### (2) 기술적 혁신(Technological Innovation)

- 새로운 발견보다는 혁신의 빈도가 증가
- 과학적 발견 및 발전수준보다는 혁신의 정도가 미흡
- 제품 · 시장에서 진출을 시도
- PC에서 음성 및 텍스트 메시지, 제트비행기의 기술적 혁신 등

### (3) 통상적 혁신(Ordinary Innovation)

- 빈번하게 혁신이 발생
- 기술개발이 아닌 시장분석에 의한 고객욕구 충족을 통한 혁신
- 시장은 기술개발보다는 시장욕구에 더 강한 영향
- 1998년 사라 블레이클리(Sara Blakely)가 자신의 스타킹을 잘라 입던 경험을 바탕으로 발목이 잘린 체형보정용 팬티스타킹에 대한 특허를 받아 애틀랜타에 본사를 둔 스팽스(Spanx) 설립

## 2-2 새로운 혁신(제품 · 서비스)의 정의

창업자에게 직면하게 되는 것 중의 하나는 '새로운' 제품을 정의하는 것 또는 아이디어에 있어서 독창성 또는 새로운 것을 실제로 구분하는 것이다. 청바지가 새로운 것이 아니었음에도 불구하고 패션청바지는 매우 유명해지게 되었다. 새로운 것이라고는 청바지에 Sasson, Vanderbilt, Chic와 같은 이름을 사용했을 뿐

이다. 소니(Sony)는 카세트 플레이어가 수년 동안 존재했음에도 불구하고 1980년대에 가장 인기 있는 새로운 워크맨(Walkman)을 만들었다.

새로움이라는 것은 고객 측면에서의 개념이었다. 제품의 다른 유형은 개념에서 '새로운'의 필수조건이 아니다. 커피회사에서 카페인 없는 커피를 소개했을 때 단지 제품의 변화일 뿐인데 초기 광고 캠페인 문구에서 '새로운'이라는 단어를 강조하여 사용하였다.

기존제품들이 새로운 패키지 또는 포장용기로 시장에 소개되었을 뿐인데 생산자에 의한 새로운 제품으로 인식되었다. 캔으로 된 음료수가 소개되었을 때 기존제품에 용기만 달라졌을 뿐인데 어떤 소비자들은 '새로움'으로 제품을 인지하게 된다. 원터치캔, 플라스틱병, 진공포장 등과 같은 기술은 기존제품을 새로움의 이미지로 변화시키는 데 공헌했다고 볼 수 있다. 세제를 생산하는 일부 회사들은 포장용기의 색상만 바꾸고 광고문구에 '새로운'이라는 단어를 사용한다. 이미 나와 있는 것을 재구성함으로써 소비자에게 주목을 받을 수 있다. 제임스 카메론 감독의 '아바타'나 애플의 전 CEO 스티브 잡스가 주도해 개발한 태블릿 PC인 '아이패드(iPad)'도 같은 맥락으로 볼 수 있다. '아바타'는 인디언, 베트남전, 이라크전, 자본주의, 제국주의, 환경주의, 가이아이론, 아즈텍 멸망 등 다양한 모티브를 차용했다. '창조성의 공장'으로 불리는 애플이 선보인 아이패드도 이미 나와 있는 기능들을 바탕으로 한다. 심지어는 2002년 후지쓰가 출시한 유사기기 이름도 아이패드였다.

산업용품시장에서 기업은 제품의 외형에서 약간의 변화 또는 수정이 이루어졌을 때 새로운 제품이라고 부를 것이다. 예를 들어 금속기술의 발전은 기계류와 같은 산업용품에서 사용되는 많은 원자재의 강도, 순도를 변화시켰다. 이러한 기술의 발전은 기업이 새롭고 향상된 금속으로 된 제품을 시장에 출시하도록 유도하였다.

많은 기업들은 판매량을 확장하는 과정에서, 이미 다른 기업에 의해서 소개된 제품을 생산라인에 추가하였다. 예를 들어 제약회사가 생산라인에 정제로 된 감기약 제조를 추가하고, 비누제조업체가 식기세척기 세정제시장에 진입하면서 새로운 제품이라고 광고하는 경우이다. 이런 경우는 기업에서는 새로운 제품이지만 소비자 입장에서는 새로운 제품이 아니다. 다양화를 추구하는 세계경제의 변화로 인하여 이러한 현상은 빈번하게 일어나고 있다. 많은 기업은 자원을 효율적으로 이용하고 수익을 증가시키기 위하여 새로운 시장을 끊임없이 탐색하고 있는 반면에, 일부 기업들은 기존제품에 대한 새로운 이미지를 위하여 하나 이상의 마케팅믹스 요인을 단순히 변화시키고 있다.

## 2-3 신제품의 유형

신제품은 소비자와 기업의 관점에서 분류될 수 있다. 이들 관점은 제품의 목표를 설정하고 달성하는 능력과 소비자의 인식이 어떤 신제품의 성공과 실패를 좌우할 수 있기 때문에 창업자 관점에서 분석되어야 한다.

### (1) 고객관점의 신제품

이는 "소비자 측면에서 하나의 신제품은 무엇인가"라는 광범위한 해석이다. 신제품을 식별하는 하나의 시도는 얼마만큼 행위적 변화를 일으켰는가? 또는 새로운 학습이 신제품을 사용하기 위해서 얼마만큼 소비자에 의해서 요구되어지느냐에 따라서 새로움의 정도를 분류하는 것이다. 이 방법은 제품이 기업 측면에서 새롭다(색다른 포장, 물리적 형태, 기존제품의 향상 등)라기보다는 소비자에 대한 신제품의 영향 측면에서 새로움을 보는 시각이다.

제품의 소비패턴에 영향을 주는 연속선상에서의 혁신은 세 가지 형태로 구분할 수 있다. 대부분의 신제품은 '연속적인 혁신'의 경향을 가지고 있다. 예를 들어 연차적인 자동차 스타일의 변화, 패션 스타일의 변화, 패키지의 변화, 제품 크기 및 색상의 변화 등이 대표적이라 볼 수 있다. 컴팩트디스크, 소니워크맨, iPod 등은 '동적인 연속적 혁신'의 경향이 있다. 실제적으로 신제품이라고 볼 수 있는 '비연속적 혁신'은 신제품으로 하여금 새로운 방식으로 현존기능 또는 이전의 불만족기능에 대한 개선을 제공하기 때문에 소비자들에게 새로운 학습을 요구하게 된다. 인터넷은 우리 사회의 라이프스타일을 급속하게 변화시키는 비연속적 혁신의 하나라고 볼 수 있다.

### (2) 기업관점의 신제품

혁신적인 기업가적 기업은 새로움에 대한 소비자의 인식을 인지하는 것과 유사한 차원으로 신제품을 분류할 필요가 있다. 신제품의 대상을 분류하는 하나의 방식으로 신제품과 신시장을 중요한 특성으로 구분하고 있다. 신제품은 개선된 기술의 정도 측면에서 정의하고 있는 반면에, 신시장은 새로운 시장세분화 정도에 근거하고 있다.

새로운 기술과 새로운 시장은 가장 복잡하고 어려운 상황에서 가장 큰 위험성을 가지고 있다. 신제품은 현재 제공되지 않은 새로운 기술과 고객을 포함하고 있기 때문에 기업은 신중하고 새로 개발된 마케팅전략을 요구할 것이다.

## 3 기회인식

어떤 창업자들은 사업을 성장시키는 것은 물론이고 창업과정에 대한 핵심적인 사업기회를 인지하는 능력을 가지고 있다. 사업기회는 충분한 매출과 수익을 보장하고 고객의 불만족을 성공적으로 해결할 수 있는 기업가적 가능성을 나타낸다. 기회를 인식하는 것은 창업자의 개인적인 경험과 지식, 그리고 기업가적 상황변수의 조합의 결과라고 볼 수 있다.

과거 지식은 교육과 경험의 조합의 결과이며, 관련된 경험은 직업과 관련된 일 또는 다양한 개인적 경험일 수 있다. 창업자는 이러한 지식과 경험을 인지하고 이를 이용하고 이해하려는 마음가짐이 필요하다. 이러한 과정에서 다른 중요한 요인은 기업가적 경각심과 네트워크이다. 기업가적 경각심과 시장에 대한 창업자의 지식 및 고객에 대한 문제점들은 서로 상호작용효과가 있다. 의미 있는 사업기회를 인식할 수 있는 능력을 가지고 있는 창업자는 제품계획, 개발과정, 새로운 벤처의 착수를 성공적으로 완성할 수 있는 전략적 위치에 있다고 볼 수 있다.

## 4 기회분석계획

모든 혁신적 아이디어와 기회는 글로벌 창업자에 의해서 주의 깊게 평가되어야 한다. 한 가지 좋은 방법은 기회분석계획을 수립하는 것이다. 기회분석계획은 비즈니스플랜이 아니라 아이디어를 위한 시장(기회)과 아이디어에 초점이 맞추어져 있다. 이것은 비즈니스플랜보다 간단하며 사업에 대한 일반적인 재무제표를 포함하지 않는다. 기회분석계획은 다른 더 좋은 기회가 포착될 때까지 기다리거나 기회를 실행에 옮기기 위한 의사결정의 기초자료로서 제공하기 위해 개발된다. 기회분석계획은 다음과 같이 4단계로 진행된다.

### 4-1 아이디어와 아이디어의 경쟁력

기회분석계획의 주요한 부분 중의 하나는 아이디어 자체와 경쟁력에 관한 것이다. 제품과 서비스는 가능한 매우 상세하게 설명될 필요가 있다. 제품의 원형이나 도면은 제품 자체의 모양이나 특징을 이해하는 데 도움이 된다. 제품시장 내에 있는 경쟁제품과 기업이 조사 및 분류될 필요가 있다. 새로운 제품·서비스 아이디어는 시장에서 적어도 3개의 경쟁적인 제품·서비스와 비교되어야 한다. 이런 분석을 통해 어떻게 제품·서비스를 차별화하고 고유한 장점을 제공할 수 있는지의 결과를 얻을 수 있다. 아이디어에 의한 제품이 시장에서 경쟁제품·서비스에 비해 적어도 3~5개 정도의 장점을 가지고 있지 않다면 창업자는 시장에서 성공가능성에 대한 재검토가 필요하다고 볼 수 있다.

### 4-2 시장과 기회

시장의 규모와 특성은 기회분석의 중요한 부분이다. 시장 데이터는 전반적인 산업동향, 시장동향, 시장세분화, 목표시장의 추세를 파악해야 하기 때문에 적어도 3년 정도의 자료가 포함되어야 한다. 이러한 자료는 가능한 2차 자료를 통해서 수집될 수 있다. 만약 전동 유아용 휠체어에 대한 아이디어를 가지고 있다면, 건강산업(전반적 산업동향), 휠체어(전반적 시장), 전동 휠체어(시장세분화), 유아용 휠체어(목표시장)에 관한 통계자료를 얻을 수 있을 것이다.

이러한 깔때기모양 접근방식(funnel approach)은 시장규모를 결정할 뿐만 아니라 각 시장의 특성을 파악할 수 있다. 시장이 몇 개의 대기업 또는 많은 중소기업에 의해서 형성되었는지? 새로 진입하는 기업에 대해서 시장의 반응은 빠른지 또는 민감하지 않은지? 1년 동안 몇 개의 신제품이 진입하고 있는지? 시장은 지역적으로 어떻게 분포되어 있는지? 어떤 시장이 형성될 가능성이 있는지? 시장의 기저가 되는 사회적 환경은 무엇인지? 기존기업에서 소개될 수 있는 제품은 무엇인지? 국제시장 규모와 특성은 무엇인지? 이러한 분석을 통해서 시장의 규모와 특성을 파악하고 향후 비즈니스플랜의 개발 및 시장진입을 위한 노력과 시간을 담보하기 위한 탐색적 단계라고 볼 수 있다.

### 4-3 창업자와 팀평가

다음으로 창업자와 창업팀이 평가되어야 한다. 적어도 팀의 한 사람은 아이디어와 관련된 산업에서 경험을 가지고 있는 것이 바람직하다. 이것은 벤처의 성공가능성과 관련된 특성 중의 하나이다. 이를 평가하는 과정에서 여러 질문에 답할 수 있어야 한다. 예를 들어 이 아이디어가 기회라고 생각하는 이유는 무엇인가?

기회와 아이디어가 지속적으로 유지될 수 있을 것이라고 생각하는가? 아이디어와 기회가 개인적인 배경과 경험에 부합된다고 생각하는가? 또한 창업팀과 부합된다고 생각하는가?

### 4-4 후속조치

기회분석계획의 마지막 단계는 아이디어를 실제로 시장에 출시하기 위해 취해지는 조치라고 볼 수 있다. 연속적으로 취해지는 단계들을 구분하여 시간과 자금이 배정된다. 아이디어를 위한 자금이 자체적으로 조달할 수 없을 경우에는 자금의 원천을 탐색해야 한다. 대부분의 창업자들은 약 30%의 비용과 시간을 과소 추정하는 경향이 있다는 점을 명심해야 한다.

## 5 제품계획 및 개발과정

창의적 문제해결 또는 아이디어의 원천으로부터 출현된 아이디어들은 향후 개발과 개선이 필요하다. 제품계획 및 개발과정이라고 볼 수 있는 개선과정은 아이디어단계, 개념화단계, 제품개발단계, 시장테스트단계, 상업화단계 등 주요 5단계로 구분된다.

### 5-1 평가기준의 설정

제품계획 및 개발과정의 각 단계에서 평가를 위한 기준이 설정될 필요가 있다. 이러한 기준은 특정한 개발단계에서 제품을 충분히 선별할 수 있게 포괄적이고 계량적이어야 한다. 기준은 시장기회, 경쟁력, 마케팅 시스템, 재무적 요인, 생산요인 측면에서 새로운 아이디어를 평가할 수 있어야 한다.

제품 아이디어를 위한 새로운 형태 또는 현재 시장에서 필요로 하는 범위 내에서 시장기회는 존재한다. 시장수요를 결정하는 것은 제안된 새로운 아이디어의 가장 중요한 기준이다. 시장기회의 평가와 규모는 소비자의 태도와 특성, 잠재시장규모, 제품수명주기의 각 단계별 시장의 특성, 시장점유율 등이 고려되어야 한다.

현재의 경쟁업체, 가격, 마케팅전략 등이 특히 제안된 아이디어의 시장점유율에 대한 영향 측면에서 평가되어야 한다. 새로운 아이디어는 시장에 이미 성공적으로 출시되어 있는 제품 · 서비스와 비교하여 월등한 경쟁력 또는 이에 부합할 수 있는 특성을 가지고 있어야 한다. 또한 새로운 아이디어는 동종의 소비자욕구를 만족시키는 모든 경쟁제품 · 서비스에 근거하여 어떤 차별화된 장점을 가지고 있어야 한다.

새로운 아이디어는 현재의 경영관리능력과 마케팅전략과 함께 시너지효과를 가지고 있어야 한다. 기업은 신제품을 위해 기업 자체의 마케팅 경험과 함께 다른 전문성을 구사할 수 있어야 한다. 예를 들어 GE(General Electric)는 Procter & Gamble(1837년 설립된 미국 생활용품제조업체)보다 새로운 전구제품을 위해서 훨씬 쉽게 생산라인을 추가하였다. 이러한 능력은 현재의 마케팅능력이 신제품에 파급될 수 있는 능력, 기존의 유통채널을 통해서 신제품이 판매될 수 있는 능력, 신제품을 소개하기 위해 요구되는 광고 및 판매촉진에 편승할 수 있는 능력 등과 같은 여러 요인들에 의해서 평가되었다.

제안된 제품 · 서비스 아이디어는 기업의 재무능력에 기여할 수 있어야 하고 지원을 받을 수 있어야 한다. 단위당 제조원가, 마케팅비용, 소요자금 등이 제품에 대한 손익분기점과 장기수익전망을 위해 요구된다. 현재의 생산설비에 의한 신제품의 생산능력과 인력이 평가되어야 한다. 만약 새로운 제품 아이디어가 기존제조공정에 통합될 수 없다면 공장과 설비가 추가적으로 요구되기 때문에 훨씬 많은 비용이 소요된다. 또한 제품생산을 위해서 요구되는 원자재의 효율적인 배분과 조달이 필요하게 된다.

경쟁과 경쟁적 상황을 다루게 될 때 기업윤리에 관해서 관심을 갖게 되는데 기업의 윤리적 행위는 종종 사회문제를 야기하기도 한다. 창업자는 제품이 진화하고 발전한다는 생각을 가지고 아이디어를 평가하는 데 관심을 가져야 한다. 제품이 새로운 벤처의 기저가 될 수 있다는 확신을 가져야 한다는 것이다. 이것은 제품계획 및 개발과정의 각 단계에서 진행할 것인가 말 것인가의 주의 깊은 평가를 통해서 이루어질 수 있다.

## 5-2 각 단계별 특성

### (1) 아이디어단계(Idea Stage)

새로운 제품 · 서비스라는 것이 아이디어단계에서 확인되어야 하며, 기업의 자원을 최대한 활용하는 범위 내에서 비현실적인 아이디어는 제거되어야 한다. 이 단계에서 사용되는 평가방법의 하나는 새로운 아이디어가 제공하는 가치, 장점, 혜택의 측면에서 표현되는 시스템적 시장평가 체크리스트 방법이다.

소비자는 새로운 제품 · 서비스 대안이 시장에서 설득가능한지 또는 불가능한지를 결정하기 위한 새로운 제품 · 서비스 가치에 대한 집단으로 표현된다. 기업은 이러한 방법으로 새로운 아이디어를 평가하는데 아이디어로 확신한다는 것은, 향후 개발될 수 있으며 시장가치와 양립할 수 없는 아이디어에 자원들을 헛되이 낭비하지 않는다는 것이다. 새로운 아이디어에 대한 기업에서의 가치만큼이나 시장에서 얼마나 요구되는 것이냐를 파악하는 것은 중요한 일이다. 새로운 아이디어에 대해 시장이 욕구가 없다면 개발이 진행되지 말아야 한다.

또한 새로운 아이디어가 기업에 어떤 혜택이나 가치를 제공하지 않는다면 개발되지 말아야 한다. 새로운 아이디어에 대한 정확한 욕구(필요성)를 결정하기 위해서는 필요시기, 고객만족, 대안, 혜택과 위험, 미래기대가치, 가격 대비 제품성능, 시장구조와 규모, 경제적 상황 등의 측면에서 잠재적 시장욕구를 정하는 것이 도움이 될 것이다.

욕구에 대한 측정은 욕구의 유형, 시기, 고객은 신제품 · 서비스를 시도한다는 점, 통제가능한 마케팅변수의 중요성, 전반적인 시장구조, 시장의 특성 등에 초점이 맞추어져야 한다. 이 요인들은 특정 욕구를 만족시키기 위한 능력을 감안한 새로운 아이디어의 특성 측면에서 평가되어야 한다. 이러한 분석은 기회의 가능성 정도를 나타낼 것이다.

기업에 대한 새로운 제품 · 서비스의 가치를 결정하는 데 있어서, 재무에 관련된 사항(현금흐름, 이익에 대한 공헌, 투자수익 등)은 투자대안은 물론 다른 제품 · 서비스 아이디어 측면에서 평가되어야 한다. 이러한 재무지표들은 계량적 평가를 통해서 이루어지며 관련된 정보가 이용가능하고 제품 · 서비스가 지속적으로 개발됨으로써 수정될 수 있다.

### (2) 개념화단계(Concept Stage)

새로운 제품 · 서비스가 아이디어단계에서 평가가 이루어진 후에는 소비자들과의 상호작용을 통해서 다듬어지고 향후 개발되어야 한다. 다듬어진 아이디어는 개념화단계에서 고객의 수용 여부를 결정하기 위해서 테스트된다.

개념화에 대한 초기반응은 잠재고객이나 유통채널의 구성원을 통하여 얻게 되며, 고객 수용 여부를 측정하는 하나의 방법은 제품 · 서비스 아이디어의 속성과 물리적 특성을 반영하는 질문에 대해서 고객을 대상으로 인터뷰하는 것이다.

우호적 · 비우호적 제품의 특성에 대해 고객의 반응을 분석함으로써 발견할 수 있으며, 우호적인 특성들을 새로운 제품 · 서비스에 포함할 수 있다.

특성, 가격, 판매촉진 등은 다음과 같은 질문을 통해서 주요 경쟁제품과 비교하여 연구되어야 하고 평가되어야 한다.

- **평가질문** 1: 새로운 아이디어에 대한 개념은 품질과 신뢰성 측면에서 경쟁제품 · 서비스와 비교하여 어떻게 생각하는가?
- **평가질문** 2: 새로운 아이디어에 대한 개념은 현재 시장에서 이용가능한 제품 · 서비스와 비교하여 월등한가? 또는 열등한가?
- **평가질문** 3: 이것은 기업을 위해서 좋은 시장기회라고 보는가?

### (3) 제품개발단계(Product Development Stage)

물리적 제품 · 서비스에 대한 소비자의 반응이 제품개발단계에서 결정된다. 잠재고객의 그룹으로 된 고객패널이 이용되며 제품 샘플이 주어진다. 참가자들은 장 · 단점에 대해서 언급하고 제품사용에 대한 기록을 하게 된다. 이 방법을 통해서 제품 · 서비스 아이디어의 개발이 이루어진다.

잠재고객의 패널은 제품의 샘플과 동시에 1개 이상의 경쟁제품이 주어질 수 있다. 여러 방법(복수 브랜드 비교, 위험분석, 반복구매 정도, 선호도 등) 중의 하나가 고객선호도를 결정하기 위해서 사용될 수 있다.

### (4) 시장테스트단계(Test Marketing Stage)

제품개발단계의 결과가 최종 마케팅계획의 기초자료로 제공된다 할지라도 성공적인 상업화의 확실성을 증가시키기 위해서 시장테스트가 이루어질 수 있다.

평가과정에서 마지막 단계라고 볼 수 있는 시장테스트단계는 고객의 수용성 수준을 나타내는 실제적인 매출결과를 가늠하게 한다. 긍정적인 테스트결과는 성공적인 제품 출시가능성 정도를 나타낸다.

## 6 전자상거래와 창업

### 6-1 웹사이트

예비창업자에 의한 웹사이트(Web Sites) 이용률이 상당히 증가하고 있다. 오늘날 중소기업의 90% 이상이 웹사이트를 운영하고 있다. 그렇지만 주요 중소기업과 창업자는 양질의 웹사이트를 운영하고 구축하기 위한 기술적 능력을 가지고 있지 않다.

좋은 웹사이트에 대한 핵심의 하나는 사용의 편리성이다. 이에 부응하는 미국의 대표적인 웹사이트가 Amazon, American Eagle Outfitters, Banana Republic, Talbots, Cosco, Comp USA 등이다.

창업자가 웹사이트를 개발하는 경우 커뮤니케이션 통로라는 것을 잊지 말아야 하며 다음과 같은 질문들이 고려되어야 한다.

- 누가 고객인가?
- 웹사이트에 대한 목표는 무엇인가?
- 웹사이트를 방문하는 고객에게 원하는 것이 무엇인가?
- 웹사이트가 벤처(사업)의 전체 커뮤니케이션 프로그램의 통합부분인가?

위와 같은 질문과 아울러 창업자는 목표시장에 효율적으로 접근하기 위해서 정보를 조직화하고 웹사이트를 구조화할 필요가 있다. 이를 위해서 새로운 기능과 내용이 추가되어 참신한 느낌이 있어야 하며 가능한 시각적이고 널리 알려질 수 있어야 한다.

모든 웹사이트의 가장 중요한 특성 중의 하나는 탐색기능이다. 즉, 기업이 인터넷을 통해서 제공되고 있는 제품과 서비스를 쉽게 찾을 수 있는 기능이다. 다른 기능은 모든 전자상거래 웹사이트에서 유용하게 이용되는 쇼핑 카트(shopping cart), 보안접속, 신용카드결제, 고객에 대한 피드백 등이다. 또한 고객의 피드백을 기업에 보낼 수 있도록 허용하는 이메일 반응시스템도 중요한 기능이라고 볼 수 있다.

성공적인 웹사이트의 특성은 첫째도 속도, 둘째도 속도, 셋째도 속도이다. 아울러 웹사이트는 특정 목표시장에 대해 고객중심이어야 하고 쉽게 이용할 수 있어야 하며 차별화된 브라우저에 의해 간단명료해야 한다. 인터넷의 국제적 특성을 고려하는 것도 중요하다. 방문자가 웹사이트를 방문하여 웹페이지를 쉽게 다룰 수 있다면 제품, 서비스, 정보를 쉽게 찾을 수 있을 것이다.

인터넷의 가장 큰 장점은 차별화된 시장세분화를 위해서 웹사이트 내용을 단순하게 고객화할 수 있다는 것이다. 만약 어떤 기업이 미국 이외의 지역에는 제품을 팔지 않겠다는 계획을 가지고 있다면 미국 내에서만 제품을 배달할 수 있다는 것을 웹사이트에 분명히 명시해야 한다. 반대로 해외시장을 목표로 하고 있다면 번역에 관한 문제, 문화적 적응 등이 고려되어야 한다. 웹사이트를 구축하는 디자이너는 기술적인 측면에서 인터넷 방문자가 이용하는 플랫폼(platform)과 차별화된 브라우저를 보장해야 한다. 웹사이트가 운영된다는 것은 회사의 명칭, 주소, 회사광고 등과 같은 마케팅자료들이 표출되기 때문에 매우 중요하다.

### 6-2 고객정보 추적

전자데이터베이스는 개별화된 일대일 마케팅전략을 뒷받침한다. 데이터베이스는 산업, 세그먼트(segment), 기업의 활동을 추적할 뿐만 아니라 개별적인 고객을 목표로 하는 개별 마케팅을 지원한다. 고객정보를 추적하는 이유는 고객화된 일대일 마케팅으로 고객의 관심을 사로잡기 위해서라고 볼 수 있다. 주의할 점은 개인의 사생활을 보호하는 법률에 따라서 처리해야 한다는 것이다.

# 3장

# 벤처기업

1. 벤처기업의 정의
2. 벤처기업의 범위 및 확인절차
3. 벤처기업의 특성
4. 벤처기업의 역할
5. 벤처기업의 발전단계
6. 벤처기업의 성공요인
7. 벤처기업의 활성화 방안

# 3장 벤처기업

## 1 벤처기업의 정의

벤처(Venture)기업이라는 용어는 미국에서 기술집약적 신생기업(New Technology-Based Firm: NTBF) 또는 첨단산업중소기업(High Technology Small Firm: HTSF)으로 불리고 있으며, 일본에서는 벤처비즈니스(Venture Business), 한국에서는 벤처기업(모험기업, 기술집약적 중소기업)으로 알려져 있다.

벤처기업의 정의는 연구개발이나 기술개발에 중점을 두는 기업, 소수의 핵심 창업자가 기술혁신으로 개발한 아이디어를 상업화하기 위해 설립된 기업, 위험성은 크나 성공할 경우 높은 기대수익이 예상되는 기술집약형 기업(high risk, high return)으로 정의할 수 있다.

우리나라는 벤처기업과 함께 기술혁신 역량과 성과가 높은 기업들을 정책적으로 지정하고 있으며 특정 조건을 충족하여 인증된 기업을 혁신형 중소기업이라 부른다. 국내 대표적인 혁신형 중소기업은 인증유형에 따라 벤처기업, 이노비즈(Inno-Biz)기업, 경영혁신형 중소기업으로 구분할 수 있다.

이노비즈기업은 혁신(innovation)과 기업(business)의 합성어로 기술적 우위를 바탕으로 경쟁력을 확보한 기술혁신형 중소기업으로 OECD의 기업혁신형 평가 매뉴얼(Oslo manual)에 근거한 기술혁신능력, 기술사업화능력, 기술혁신경영능력, 기술혁신성과의 네 가지 평가지표에 따라 기술혁신역량을 평가하여 기술경쟁력과 성장가능성을 인정받은 기업으로 정의된다. 중소기업청(현, 중소벤처기업부)은 2000년부터 기술경쟁력과 미래성장가능성을 갖춘 중소기업들을 이노비즈기업으로 선정하여 인증하고 있다. 경영혁신형 중소기업은 경영자의 리더십이 탁월하고 인적자원관리, 생산 · 서비스 운영 프로세스 개선 등 경영혁신활동을 통해 혁신성과를 창출한 기업으로 정의된다.

중소벤처기업부는 2006년부터 OECD의 기업혁신형 평가매뉴얼(Oslo manual)에 근거하여 리더십, 지속적 혁신, 인적자원관리 프로세스, 생산 · 서비스 운영 프로세스, 생산설비 현황(제조), 측정, 분석 및 지식 · 정보, 비계량지표(기업의 잠재적 가치평가), 계량지표(재무적 및 시장성과평가)의 아홉 가지 평가지표에 따라 경영혁신형 중소기업으로 발굴하여 육성하고 있다.

## 2 벤처기업의 범위 및 확인절차

### 2-1 벤처기업의 범위

「중소기업기본법」에서 규정한 중소기업으로서 다음의 요건 중 하나 이상에 해당하는 기업을 벤처기업으로 인정하고 있다.

- **투자유치기업**: 창업투자회사(조합) 및 신기술사업금융회사(조합) 등이 투자한 금액의 합계가 5천만 원 이상으로서, 기업의 자본금 중 투자금액의 합계가 차지하는 비율이 10% 이상인 기업
- **연구개발 우수기업**: 연구개발비가 5천만 원 이상으로서 연간 매출액의 5% 이상이고 대통령령이 정하는 기관으로부터 사업성이 우수한 것으로 평가받은 기업

  단, 매출액 비중은 업종별로 차이가 있으며, 창업 후 3년 이내의 기업에는 적용하지 않는다. 사업성 평가기관은 한국산업기술진흥원, 기술신용보증기금, 한국산업기술평가관리원, 한국환경공단, 기술표준원, 한국과학기술연구원,

한국과학기술정보연구원, 정보통신산업진흥원이며, 사업성 평가기준은 제품경쟁력과 사업추진능력, 시장전망 등으로서 중소벤처기업부장관이 지정고시한다.

- **기술성평가 우수기업:** 기술신용보증기금에서 보증을 받거나 중소기업진흥공단으로부터 무담보대출을 받고 기술성이 우수한 것으로 평가받은 기업(창업하는 기업 포함)

  단, 보증이나 대출금액은 8천만 원 이상, 총자산의 5% 이상이어야 하지만, 창업 후 1년 이내의 기업은 4천만 원 이상이며, 총자산 비중은 적용하지 않는다. 기술성평가기준은 기술의 우수성, 기술 활용도 등이며 중소벤처기업부장관이 지정고시한다.

## 2-2 벤처기업 확인절차

벤처기업 해당 여부를 확인받으려는 자는 다음 방법에 의하여 중소벤처기업부장이 정하여 고시하는 신청서를 벤처기업 확인기관에 제출하여야 한다. 벤처기업 확인기관은 기술신용보증기금, 중소기업진흥공단, 한국벤처캐피털협회이다. 그 밖에 벤처기업 해당 여부에 관한 확인절차 등에 관하여 필요한 사항은 중소벤처기업부장관이 정하여 고시한다.

벤처기업 확인서 유효기관은 발급일로부터 2년이다. 투자유치기업으로 벤처기업을 확인받고자 하는 경우에는 투자회사에서 투자실적 증명서를 발급받고 재무제표를 첨부하여 벤처기업 확인신청을 한다. 연구개발 우수기업으로 벤처기업을 확인받고자 하는 경우에는 공인회계사(세무사, 경영지도사)로부터 연구개발 투자실적을 증명받고 재무제표를 첨부하여 벤처기업 확인신청을 한다. 기술성평가 우수기업으로 벤처기업을 확인받고자 하는 경우에는 기술신용보증기금의 기술평가서나 중소기업진흥공단의 기술평가서를 발급받아 재무제표를 첨부하여 벤처기업 확인신청을 한다.

# 3 벤처기업의 특성

## 3-1 일반적 중소기업의 특성과 벤처기업의 특성

### (1) 일반적 중소기업의 특성

중소기업은 일반적으로 독자적인 경영, 소유자에 의한 자본조달, 지역적 특성, 소규모 조직 등의 특성을 지니고 있다. 중소기업은 작은 경영조직으로 환경변화에 효율적이고도 유연하게 대처할 수 있으므로 현대와 같이 급변하는 환경변화에 매우 적합한 조직이다. 이러한 유리한 면들이 중소기업 경영자의 기업가정신과 결합하면 강한 경쟁우위가 될 수 있는 것이다. 그러나 한편으로는 자본조달의 한계, 인적자원의 열세, 정보부족 등 경영자원 측면에서의 불리함과 창업자 개인의 기술과 관리능력 등에 대한 지나친 의존도 등의 단점도 지니고 있다.

### (2) 벤처기업의 특성

벤처기업의 특성은 새로운 기술, 새로운 제품으로 세계적 수준의 경쟁력을 목표로 하는 기술집약적인 측면에서 새로운 패러다임의 경영철학과 경영방식을 추구하고 활용하는 학습조직이라는 지식집약적인 측면을 아울러 나타내고 있다. 결과적으로 벤처기업은 급격한 변화에 적응하면서 역동적 성장을 하는 동태적 특성을 가지고 있어서 슘페터(J. A. Schumpeter)가 말하는 창조적 파괴를 통해서 새로운 혁신을 주도하는 환경 창조적 특성을 보여주고 있다. 따라서 우리나라에서 불가능하게 보여지고 있는 일, 즉 규제 위주의 정책환경을 극복하면서 새로운 질서와 윤리, 아울러 새로운 정책환경까지 만들어 내고 있는 것이다. 벤처기업의 경영방식을 다음과 같이 7가지 특성으로 설명할 수 있다.

#### ① 벤처기업은 절대적인 위기의식하의 경영을 하고 있다

미국의 경우 1985년부터 10년간 실리콘밸리의 매출액 상위 100대 기업 중

34개만이 100대 이내의 순위를 고수하였으며 41개사는 매수 · 도산으로 소멸되는 등 극심한 기업흥망을 보여주고 있다. 이와 같은 실리콘밸리에서 생존에 대한 높은 위험도는 기업이 개인의 일생을 책임지는 것이 아니라 개인이 회사의 일생을 좌우하는 것임을 반증하는 것이라고 할 수 있다.

② 벤처기업은 하나의 기술로 시장을 창출하고 독점하고 있다

일반적으로 벤처기업의 자금운영은 6개월에서 1년이 한도이며 기술진보도 같은 기간 내에 성패가 이루어지고 있다. 따라서 단기적으로 효율적이고 확실한 성과를 내기 위해서는 '한 가지 기술'에 집중해야 하며, 이 때문에 실리콘밸리에서는 '매출 10억 달러'이면 대기업으로 불리게 된다.

③ 벤처기업에서는 '스피드 경영'이 힘과 부를 창출하고 있다

한국이나 일본기업에서는 '규모가 힘'이지만 실리콘밸리 기업은 '스피드가 힘'이다. 예를 들어 실리콘밸리의 벤처기업인 '시스코 시스템즈(Cisco Systems)'의 경우, 매출액은 41억 달러이나 주식의 시가총액은 412억 달러나 되는데, 이는 이 기업의 연간 87%에 달하는 성장률 때문이다. 참고로 마쓰시다는 매출액이 64억 달러이지만 주식 시가총액은 41억 달러에 불과하여 비교가 되고 있다.

④ 벤처기업은 잉여인력을 철저히 배제한 '근육질 조직'을 갖추고 있다

한국이나 일본기업이 '사람을 위한 조직'을 만드는 데 비해 실리콘밸리 기업은 '사업을 위한 조직'만을 추구하고 있다. 이는 연간 100%의 성장을 실현해야 하는 실리콘밸리 기업으로서 당연한 대응으로 의사결정방식도 현장에서의 즉시 판단, 즉시 결정하는 방식이 주를 이루고 있다.

⑤ 벤처기업에서는 인사부서나 경영전략실 등 스태프기능을 가능한 한 배제하고 있다

변화가 빠른 실리콘밸리에서는 현장에 근거하지 않는 전략계획은 의미가 없기 때문에 벤처기업의 전략수립 및 실행의 관건은 우수한 전략부서가 아닌

전략마인드를 가진 사람이다.

⑥ 인재의 신진대사가 벤처기업의 흥망을 결정하고 있다

벤처기업에 있어서 유일한 자산은 '기업=두뇌'이므로 인재의 신진대사를 위한 유동성을 확실하게 확보해야 한다. 특히, 인재의 외부 유출은 귀중한 두뇌의 상실은 물론 새로운 인재채용을 위한 기회비용을 발생시킴으로써 이에 대한 여러 가지 인센티브를 부여하는 적극적 제도를 갖추고 있다.

⑦ 벤처기업은 창업 후 조직성장의 과정에서 위기관리를 극복해야 한다

초기단계에서 자본부족, 주식상장 이후 일반주주의 안전경영 요구, 기술 성숙화로 나타나는 세 번의 위기를 맞게 되는데 이러한 위기를 효과적으로 관리, 극복해야 한다.

## 4 벤처기업의 역할

벤처기업은 일반적으로 "새로운 아이디어와 기술을 바탕으로 새로운 사업기회를 추구하는 모험심이 강한 기업"으로 정의되어 왔다. 이들 벤처기업의 창업과 시장진입은 시장의 정태적 균형을 깨고 새로운 변화를 가져오며, 또한 벤처기업의 국민경제적 기여가 산업구조 고도화를 통한 경제 활력 창출 및 생산성 증대에 있다는 점을 감안할 때, 벤처기업의 역할을 다음과 같이 정리할 수 있다.

① 벤처기업의 창업과 시장진입은 시장의 집중(Market Concentration)을 완화시키고 시장구조를 보다 경쟁적으로 만들어 시장의 효율성을 증진시킨다

이는 벤처기업의 시장진입과 성장은 비효율적 한계기업의 퇴출을 가져와 산업의 경쟁력을 높인다는 것이다.

② 벤처기업의 창업과 성장은 새로운 고용을 창출한다

신생벤처기업은 수년 내에 곧 도태되고 다시 창업을 시도하는 역동적인 과정을 밟고 있으며, 신생기업의 출현으로 기존의 한계기업의 도태에 따른 고용기회의 상실 및 대체되는 직업이 있기 마련이다. 그러므로 벤처기업이 고용을 창출하고 있다는 것은 초기의 위험을 극복하고 살아남은 벤처기업에 의해 창출되는 고용이 대체되는 고용을 능가하는 것을 의미한다.

③ 새로운 기술개발과 아이디어를 통해 창업되는 벤처기업은 산업의 구조조정을 촉진한다

이는 첨단산업 및 e-비즈니스에서 벤처기업의 창업률이 다른 산업에 비해 훨씬 높다고 볼 수 있다. 일반적으로 첨단산업에서 기업의 업력이 짧고, 첨단산업에서 중소벤처기업의 기술혁신 건수가 대기업에 비해 상대적으로 높으며, 소규모 기업은 대기업에 비해 상대적으로 위험도가 높고 혁신적인 기술에 투자를 하게 된다.

④ 벤처기업은 기술혁신에 도전하는 성향이 높아 새로운 기술의 개발과 확산에 중요한 역할을 한다

벤처기업은 그 정의상 기술혁신에 도전하는 기업이 많으며 중소벤처기업의 경우에는 기술개발형태가 대학 및 연구소와의 협동개발의 결과를 연구개발의 투입으로 이용하는 경우가 많아 기술이 사회적 확산에 기여하는 부분이 큰 것으로 나타나고 있다. 이들 중소벤처기업은 대학 및 연구소 등에서 파생창업(spin-off)한 경우가 많고 지리적으로 근접해 있어 대학 및 연구소와 연구활동에 대한 정보 및 인적교류가 많고, 협동연구를 통한 기술개발이 많은 것이 특징이다.

## 5 벤처기업의 발전단계

전통적으로 기존연구자들은 조직의 성장패턴을 설명하기 위해서 생물학적 유사성을 이용하였다. 조직의 생명주기를 설명하는 데 있어서 기본적인 가정은 그들이 이산적 단계로 분리될 수 있는 하나의 유사한 발전형태를 따른다는 것이다. 많은 연구자들은 기업이 다양한 성장단계를 통하여 발전하며, 이에 따른 다양한 경영문제가 발생하고 다양한 경영기법, 관리 우선순위, 구조조정 등의 필요성이 요구된다고 주장하여 왔다. 기존연구들은 다양한 형태의 모형들을 제시하였으며, 많은 연구자들이 4단계 모형, 즉 ① 창업 또는 개발단계, ② 성장 또는 상업화단계, ③ 확장단계, ④ 안정 또는 성숙단계로 구분하였다.

이러한 각 단계에서는 해결해야 할 경영과제가 차이를 보이며, 자금의 용도나 조달방법도 달라진다. 또한 경영조직관리에 있어서도 각 성장단계마다 그 상황에 적합한 조직구조와 경영행동을 형성하게 되므로 이러한 단계별 특성을 고려해야 한다. 일반적으로 이 단계의 기업은 창업자의 적극적인 리더십과 집권적 조직구조하에서 비공식 경영과 인사관리를 해나간다. 성장기를 거쳐 나가는 동안에 기업은 점차 분권적인 조직구조로 전환하면서 사업단위에 경영권한을 대폭 위양하게 된다. 이에 따라서 기업의 경영도 환경 적응적이며 개방적으로 변화하게 된다. 그러나 기업이 성숙기에 접어들면 조직구조는 다시 집권적이고 통제적 형태로 돌아가는 경향이 있고 경영목표와 계획도 명백해지면서 이에 대한 통제도 강화된다. 이때의 조직구조는 관료적 형태를 띠게 되며, 경직된 목표와 보수적인 경영, 그리고 방어적인 안정 위주의 행동경향을 나타나게 한다.

이와 같이 성장단계별 경영조직의 변화는 대체로 성장규모의 변화와 일관성 있는 관계를 보이고 있다. 따라서 기업이 커지고 성장해 갈수록 직무구조는 전문화되고 기능은 다양화되어 이를 효율적으로 관리하는 문제가 중요해진다.

### 5-1 벤처 창업단계

창업단계는 새로운 기업이 하나의 개체가 되기 위해 준비하는 기간이다. 이 단계는 하나의 아이디어 또는 벤처를 사업체로 변환시키는 단계로 특징지어질 수 있다. 이 단계에서 주요한 업무는 시제품개발, 기술개발, 목표시장 설정 및 시장 세분화를 포함한다. 즉, 기업은 다른 분야보다 마케팅 및 생산 · 운영시스템분야에서 컨설팅 지원이 필요한 단계라고 볼 수 있다. 이 단계에서는 자본의 충분성, 사업확장가능성, 시장의 불확실성, 창업자 실행능력, 개인목표와 사업목표의 조화 등이 중요한 요인이라고 볼 수 있다. 또한 이 단계에서는 현금 확보, 창업자기술, 조직구조, 종업원 확보 등이 경영문제로 대두될 수 있다.

이 단계에서 소요되는 자금은 개인의 보유자금이나 가족이나 친지 등으로부터의 차입에 의하여 조달하지 않으면 안 된다. 그러나 사업 아이디어가 양호하다면 발명가와 기업가에게 제공되는 비교적 소규모의 정책자금을 지원받을 수도 있다. 일반적으로 국내 벤처캐피털은 이 단계에서 투자하는 경우가 드문 반면, 미국의 경우는 일부의 독립적인 민간 벤처캐피털이 투자를 하기도 한다. 이 경우에는 벤처캐피털이 자금과 경영지원을 함께 하는 수도 있는데, 이와 같이 창업단계를 전후하여 투자되는 자금을 씨앗자금(seed money)이라고 한다.

### 5-2 벤처 상업화단계

상업화단계는 기업이 제품과 마케팅에 대한 상업적인 접근이 가능하므로 강력한 성장전략을 구축하는 단계이다. 상업화단계에 해당되는 기업들은 특정 경영문제가 야기되지 않는다고 말하는 학자도 있으나, 이와는 대조적으로 모형의 초기 성장단계에 있는 기업들은 생산과 재무 · 회계분야에서 문제가 야기될 수도 있다고 지적하는 학자들도 있다. 창업자와 자금관련요인의 중요성이 감소되는 반면에 관리적 시스템의 도입이 요구되는 단계이다.

이 단계의 기업은 아직 자본축적이 충분히 이루어지지 않아 재무구조가 좋지 않고, 담보력도 미약하여 은행대출은 크게 기대하기 어렵다. 그러나 기업이 손익분기점을 달성하고 그 미래가 확실해지면 벤처캐피털은 적극적으로 투자하고자 한다.

이 시기는 연구개발자금, 설비투자자금, 마케팅자금 등 양적 확대를 위한 성장자금이 필요하게 되어, 기업 입장에서는 벤처캐피털을 도입할 수 있는 가장 적절한 시기이다.

## 5-3 벤처 확장단계

확장단계는 성장이 둔화되기 시작하는 단계이다. 이 단계에서 주요 관심은 생산과 판매를 포함한 유통문제라고 볼 수 있다. 즉, 구매, 생산계획, 산업공학, 재고 · 품질관리를 포함한 문제와 제조 · 운영에 관한 관리가 초점이 될 것이다. 더욱이 임금, 재무, 보수유지에 관한 관리시스템은 이 단계와 관련성을 가지고 있다고 볼 수 있다. 기존연구에서 보면, 이 단계에 있는 기업은 경영관리 또는 재무분야보다 마케팅분야에서 더 많은 문제가 야기되고 있는 것으로 제시되었으며, 그들의 CEO들은 가장 중요한 문제로 조직시스템, 판매 · 마케팅, 외부관계 등으로 평가하는 경향이 있다.

이 단계의 기업은 어느 정도 자본을 축적하고 담보력도 있으므로 금융기관으로부터 자금조달이 상대적으로 용이하게 이루어진다. 따라서 기업으로서는 소요자금, 자금비용, 경영권 확보, 세무문제, 주식공개 준비 등 여러 가지 사항을 고려하여 금융기관을 선택하게 될 것이다. 기업 전망이 밝다면 벤처캐피털도 다른 성장단계에서보다 더 적극적으로 투자하고자 한다. 벤처캐피털은 타 금융기관보다 탄력적으로 자금을 지원할 수 있기 때문에 이 시기에서는 기업에 유리한 조건으로 투자받을 수 있다. 기업의 가치가 증대되어 기업과 벤처캐피털 모두 양호한 수익성과 성장성을 확보할 수 있는 단계이다.

### 5-4 벤처 성숙단계

성숙단계는 다른 단계에 비해서 낮은 성장률을 보이는 경향이 있다. 이 단계에서는 판매수준이 안정화되고 혁신의 정도가 낮으며 관료적 조직구조의 특성을 지니고 있다. 이 단계에서 기업은 수익성 증가, 조직의 효율성, 공식화된 계획 및 통제시스템 구축에 대해서 관심을 가지고 있는 경향이 있다.

이 단계에서는 기업공개에 의하여 금융시장에서 직접 자금을 조달할 수 있게 되므로 기업 입장에서는 새로운 사업계획을 수립하여 실행에 옮기기에 적합한 시기이다. 벤처캐피털은 자본이득(capital gain)을 시현하기 위해 이 단계에 이른 기업에 대하여 기업공개를 권유하게 된다. 기업의 성장과 경영의 투명성 확보 등을 위해서 기업 입장에서도 가능하다면 주식상장을 추진하는 것이 유리하다.

## 6 벤처기업의 성공요인

벤처기업의 성공요인에 관한 기존연구를 살펴보면, 기업가 특성, 조직, 환경적 요인, 전략 등이 성공요인으로 제시되고 있다.

### 6-1 기업가의 특성

기업가들은 심리적 특성에 있어서는 정직과 긍정적 사고를 중요시하였다. 반면에 위험감수 성향이나 헝그리 정신은 상대적으로 낮다. 벤처기업이 성공하기 위해서는 경영자의 성취욕구, 자율성, 참을성, 독립성 등이 성공과 상관관계가 높다고 볼 수 있다. 다시 말해, 경영자의 성취욕구와 벤처기업 성공 간에 유의한 관련성이 있다고 할 수 있으며 높은 성취욕구의 소유자들은 문제해결, 목표설정 및 자신의 노력에 의해 설정한 목표 달성을 개인적으로 책임지는 것을 선호한다. 또한 경영자가 위험감수 성향이 강할수록 높은 수준의 재무적 성과를 달성한다는 것이다.

행동적 특징에 있어서는 대내외적 신뢰 확보와 적극적 사업추진 자세는 중요한 특성이다. 반면에 사교성이나 신중한 의사결정은 상대적으로 덜 중요한 특성이다. 이러한 특성은 경영자의 창업동기, 실패가능성이나 위험에 대한 대처노력, 리더십 등과 직접적인 관련이 있다고 볼 수 있다.

경영관리능력에 있어서는 명확한 비전과 목표와 합리적 의사결정이 중요한 기업가 특성이다. 반면에 보수적 자금관리나 공동체의식의 조성능력 등은 덜 중요한 기업가 특성이다. 이는 경영자의 과거 직장에서의 다양한 경험과 성공적인 창업 경험 등이 직접적인 영향을 미친다고 볼 수 있다.

## 6-2 조직의 특성

벤처기업의 성장에 있어 조직구조와 기업의 문화적 특성이 중요한 요인이며, 조직의 분위기는 경영자에 의하여 결정된다. 대부분의 기업은 자원과 경험이 부족한 상태에서 구성원 간의 신뢰와 애정 그리고 일에 대한 열정으로 시작하기에 특유의 가족적이고 공동체적 분위기가 구축된다. 이 같은 조직특성을 정서적 유대감이라고 하는데 이는 두 가지로 분류된다.

첫째는 수직적 유형의 유대감으로서 이는 조직이 구성원의 복지증진에 관심을 갖고 배려하는 정도를 구성원이 어느 정도 신뢰하는가를 의미하는 인지된 조직배려로 측정이 가능하다고 판단된다. 인지된 조직배려는 구성원이 조직에 애사심을 느끼게 하고, 이를 통해 조직의 사명과 목표 달성을 위해 최대한 노력을 쏟도록 하는 역할을 하는데, 작업성과 향상에 매우 긍정적이다.

둘째는 수평적 유대감으로서 구성원이 조직 내 타인에게 느끼는 감정적 우호감을 의미한다. 이는 직장 동료 간 친밀감으로 조작적 정의가 가능한 것으로 판단되며, 서로 간의 친밀감은 신뢰의 바탕이 되고 서로 협동하도록 자신의 행동을 효과적으로 조절하는 역할을 한다. 이런 공동체의식은 조직몰입 및 신뢰, 그리고 구성원 간의 협력의 기회를 제공한다. 실제로 우리나라의 몇몇 산업을 대상으로 한 연구에서 공동체의식은 기업의 재무적 성과와 정(+)의 관계를 가지며 전략수립이나 실천에도 유의한 조절적 영향을 미치는 것으로 나타났다.

## 6-3 환경의 특성

벤처기업은 제품과 서비스가 한정되어 있고 시장의 영역과 가용자원이 부족하여 대기업보다 산업환경의 변화에 더욱 민감하다. 이렇듯 벤처기업이 직면한 환경은 벤처기업의 성공에 중요한 영향을 주는 것으로 인식되어 왔다.

환경의 가장 기본적이며 대표적인 분류방식은 환경이 조직에 대해 미치는 영향력과 조직의 환경에 대한 관리가능성을 동시에 고려하여 과업환경과 일반환경으로 분류할 수 있다. 과업환경은 특정 조직에 직접적으로 영향을 미치는 산업구조, 시장의 안정성, 성장단계, 진입장벽 등을 말하며, 일반환경은 사회 내 모든 조직에 공통적으로 영향을 미치는 정부의 재정정책, 규제 등을 말한다.

## 6-4 전략적 특성

성공한 벤처기업가들은 기술혁신 차별화, 마케팅 및 서비스 차별화, 지속적인 품질개선, 시장선점전략을 보다 중요한 전략으로 평가했다. 반면에 약한 틈새시장 침투, 모방, 원가절감 및 저가전략, 동맹 및 제휴전략은 상대적으로 덜 중요한 전략으로 평가했다.

벤처기업의 성과는 경쟁상황과 고객의 수요, 그리고 기술적 특성과 정부의 영향에 따라 유동적이라고 볼 수 있다. 성공적인 벤처기업들 중 빠르게 시장을 점유하려는 목표에 의하여 공격적으로 투자한 기업이 기존의 기업들보다 재무성과와 시장점유율에서 우월하다. 또한 조심스럽게 접근하는 방식의 시장전략과 높은 가격, 세분화된 시장의 규모가 작거나 제품계열의 한정된 수는 시장점유율 획득에 큰 기여를 하지 못하게 된다.

## 7 벤처기업의 활성화 방안

### 7-1 창업 및 퇴출의 유연화

벤처기업의 본질은 새로운 기술과 아이디어를 바탕으로 실패할 위험이 높은 반면에 성공할 경우 큰 수익을 올릴 수 있는 사업을 하는 것이다. 따라서 기술과 아이디어의 신속한 사업화와 그 사업의 실패에 따른 정리 및 성공으로부터의 이익회수시스템의 존재가 필수적이다.

따라서 벤처기업정책의 초점은 생존을 지탱해 주는 것이 아닌 벤처기업에의 진입과 퇴출을 용이하게 하는 것에 맞추어야 한다. 그러므로 법적 · 제도적 뒷받침, 실패한 기업의 정리를 위한 파산관련 법적 · 제도적 정비, 성공적 벤처기업이 M&A를 통해 이익을 실현할 수 있는 시장환경의 조성 등이 이루어져야 한다.

### 7-2 시장의 효율성 지향

기존의 자원과 보호중심의 벤처기업을 포함한 중소기업정책은 근본적으로 이들의 경쟁력을 약화시키고 한계기업의 퇴출장벽을 형성해 불필요한 사회적 비용을 초래하고 있다. 특히 정부가 벤처기업을 선정하여 직접 자금을 투입하는 정부정책은 수혜기업의 도덕적 해이와 과다한 감독비용을 초래하므로 근본적으로는 수혜기업의 독자적 경쟁력 구축을 어렵게 만든다. 그러므로 벤처기업을 포함한 중소기업 관련지원과 보호에 관한 각종 제도를 점차 완화, 폐지하고 중소벤처기업에 대한 직접 자금지원을 축소하는 대신 시장에 공정한 경쟁의 장을 마련해 주고 시장을 통한 정책자금의 간접지원을 통해 시장이 지원기업을 선택할 수 있는 인센티브를 제공해야 한다.

구체적으로는 중소기업 고유업종제도와 단체수의계약제도 등 퇴출장벽을 형성하고 시장의 비효율을 초래하고 있는 중소기업 보호제도를 단계적으로 폐지하고 M&A절차를 개선해야 한다.

또한 정부가 벤처투자조합에 대한 출자자로서 씨앗자금(seed money)을 제공하는 것을 확대하고 신용보증기관의 보증률, 보증범위 등에 있어서의 시장원리에 입각한 지원시스템의 구축 및 이를 위한 심사자의 권한 강화 및 보상시스템을 구축하여 신용보증대출의 효율화를 도모해야 한다.

## 7-3 벤처기업에 대한 투 · 융자 개선

벤처기업의 자금시장은 이미 공급자시장이 아니라 수요자시장으로 전환되었기 때문에 투자가치가 있는 벤처기업의 자금수요에 비해 과다한 투자자금 공급으로 인한 부작용이 우려되고 있다.

따라서 정부가 공공 벤처펀드를 통한 투자확대를 지속해서는 안 된다. 벤처기업에 대한 자금배분은 벤처캐피털, 코스닥 등 자본시장에 맡기고 정부는 미래에 벤처기업들이 활용할 수 있는 생명공학 등 지식자산의 축적에 직접 투자해야 한다.

그리고 융자지원의 경우에도 자금조달의 가용성(availability)만 제공하도록 하고 벤처기업 및 벤처캐피털에 적용되는 대출금리는 벤처기업의 리스크를 반영하여 상대적으로 높은 수준에서 결정하는 것이 시장에 의한 자금의 효율적 배분이 되는 것이다. 따라서 벤처기업 및 벤처캐피털에 대한 정부의 융자지원 금리는 시장실세 금리로 하고 정부는 자금공급의 기회만 제공하도록 해야 한다.

### 7-4 벤처산업의 국제화

해외 인큐베이터사업은 미국 내에서 지방정부, 학교, 벤처캐피털 등을 위주로 운영되고 있다. 이 사업의 성과를 실질적으로 얻기 위해서는 해외진출 한국기업들이 궁극적으로 해외현지의 네트워크를 직접 활용하는 것이 바람직하다. 한국기업의 해외진출 목적 달성을 위해 중요한 것은 한국기업들 간의 네트워크와 정보교류보다는 현지의 판매법인, 첨단기술기업, 벤처캐피털 및 투자자와의 네트워크 구축이다.

### 7-5 인터넷 비즈니스 및 전자상거래의 촉진

인터넷 사용의 증가와 함께 급속하게 확산되고 있는 인터넷 비즈니스는 경제 전반에 커다란 변화를 야기하고 있다. 인터넷을 활용한 전자상거래는 기업활동의 전 과정을 통해 비용절감을 가져와 인터넷 비즈니스 종사기업의 생산성을 크게 향상시키는 직접적인 요인이 될 것으로 기대되고 있다.

인터넷 비즈니스는 디지털 시대의 주역으로서 기존의 경제활동 패러다임을 전혀 다른 모습으로 변화시킬 수 있는 잠재력을 지니고 있다. 따라서 벤처기업의 활성화 방안의 하나로서 인터넷 기반 강화 노력과 함께 산업 · 무역분야 전자상거래 기반이 조속히 구축되어야 한다. 이를 위해 전자무역거래 포털사이트 구축 및 중소기업 인터넷 무역지원 강화 등 사이버 무역의 기반이 강화되어야 한다.

전자상거래환경에 부합되도록 법과 제도가 정비되어야 한다. 즉, 일반상거래 위주로 되어 있는 각종 법령 및 제도를 전자상거래환경에 부합하도록 개선해야 한다. 예를 들어 방문판매업 등 전자상거래 관련법령의 개선, 소액 소규모 사이버 무역 원활화를 위한 관세행정의 간소화, 기업 간 전자상거래 촉진을 위한 세제 지원 검토, 전자자금이체 표준약관의 시행 등이 조속히 이루어져야 한다.

그리고 전자상거래 확산으로 유발되는 부수적인 문제에 대한 대응방안도 수립되어야 한다. 즉, 인터넷으로 인한 기업 간 경쟁력 격차, 중간 유통업 및 수출입 전문업체의 퇴조 등 산업구조의 변화, 내국세와 관세 간의 비중변화 등에 대한 대응방안도 적절히 마련되어야 한다.

## 4장

# 프랜차이즈

1. 프랜차이즈의 의의
2. 프랜차이즈 시스템의 유형
3. 프랜차이즈 시스템의 특성
4. 프랜차이즈 시스템의 분석
5. 프랜차이즈 창업비용
6. 프랜차이즈의 장점
7. 프랜차이즈 기회의 평가

# 4장 프랜차이즈

## 1 프랜차이즈의 의의

유통산업에 있어서 프랜차이즈 시스템은 미국에서 탄생하여 세계화의 물결을 타고 전 세계적으로 확산 · 보급되는 과정에서 우리나라에도 1978년 외식업 위주로 도입되었다. 현재 미국에는 전 소매 매출액의 3분의 1 이상을 프랜차이즈가 차지하고 있고, 일본의 경우에는 총매출액이 20조 엔에 육박하고 있으며, 우리나라에 있어서도 2021년을 기준으로 연간 매출액이 약 84조 8천억 원, 가맹점 수 26만여 개, 브랜드 수 6,847개, 종사자 수 83만 4천 명으로 크게 발전하였다.

원래 프랜차이즈(franchise)라는 말은 자유, 면제, 특권과 같은 뜻을 가진 보통명사 또는 "특권을 부여한다"와 같은 타동사를 의미한다. 그런데 영어의 어원은 프랑스어의 'Franchise'의 옛 용법에서 유래하였는데 그것은 통제 또는 예속으로부터의 자유를 의미하였다. 현대 프랜차이즈는 1898년에 GM이 자동차판매권의 대리점을 개설하면서 시작되었다고 볼 수 있다. 그 이후 1900년대에 들어서면서 Rexall Drug, Howard Johnson 레스토랑이 프랜차이즈를 팔기 시작했다. 프랜차이즈(franchise)는 가맹본부(franchiser)가 개발한 제품이나 서비스를 팔기 위해서 라이선스와 권리를 가맹점(franchisee)에게 허락하는, 가맹본부와 가맹점 사이의 관계이다.

이러한 프랜차이즈의 용어는 제도상의 권리를 표현하는 것으로 사용되었으며, 국제프랜차이즈협회(International Franchise Association)의 정의에 의하면 "프랜차이즈는 가맹본부와 가맹점 사이의 계약관계이고, 가맹본부는 노하우와 훈련 등의 업무에 관하여 계속적으로 이익을 제공하고 또는 이를 유지할 의무를 지며, 가맹점은 가맹본부의 소유 또는 관리(control)하에 있는 공통의 상표명 및 계약에 따라 영업을 하며 가맹점의 사업에 대하여 자신의 자본을 실질적으로 출자하는 자를 말한다"고 정의하고 있다. 한국프랜차이즈협회(Korea Franchise Association)에서 채택한 정의에 의하면 "프랜차이징이란 가맹본부가 프랜차이즈를 사는 사람에게 프랜차이즈회사의 이름, 상호, 영업방법 등을 제공하여 상품과 서비스를 시장에 판매하거나 기타 영업을 할 수 있는 권리를 부여하며, 영업에 관하여 일정한 통제, 지원을 하고, 이러한 포괄적 관계에 따라 일정한 대가를 수수하는 계속적 채권관계를 의미한다"라고 하였다.

## 2 프랜차이즈 시스템의 유형

프랜차이즈 시스템은 본사와 하위단계의 구성원들이 계약을 근거로 하여 통합되는 수직적 마케팅 시스템의 형태를 취한다. 우리나라에서는 가맹점, 연쇄점, 체인점 또는 대리점이라고 부르며 창업에 대한 지원, 사업운영뿐만 아니라 회사 이름, 상표 등의 사용 권리도 포함하는 것이 일반적이다.

프랜차이즈 시스템이 발전함에 따라 여러 형태로 구분할 수 있으며 일반적으로 프랜차이즈는 세 가지 형태로 구분할 수 있다. 첫째는 상호(trade name)만을 계약하는 것이다. 일정한 운영점포나 시스템을 유지하거나 제조업자의 이름으로 제품을 공급해야 하는 전제조건 없이 상호로만 구분되는 형태이다. 둘째는 제품 프랜차이즈(product franchise)를 획득하는 것이다. 즉, 코카콜라와 같이 제조업자의 이름하에서 독점적이고 제한된 유통 네트워크를 통하여 특정 제품을 팔 수 있는 권리를 계약하는 것이다. 셋째는 턴키 프랜차이즈(turnkey franchise)방식이다. 이는 가맹본부가 제품에서부터 공장, 장비, 마케팅, 회계, 서비스 등을 포함한

완전한 운영시스템을 공급하는 방식이다. 또한 프랜차이즈의 대표적인 형태라고 볼 수 있는 체인형태에 따른 분류는 다음 세 가지로 분류된다.

### 2-1 직영점(Regular Chain)

단일자본, 동일 경영자에 의해 설립된 체인점을 말한다. 이는 회사가 독자적으로 자기자본 전액을 출자하여 체인형태를 확장해 가는 방식을 말하며 동일경영자와 단일자본에 의한 다점포화를 의미한다고 볼 수 있다.

단일자본에 의한 직영점은 단일자본과 동일 경영인에 의해서 설립된 프랜차이즈로서 가맹본부가 직접 가맹점마다 투자를 하고 직원들을 파견하여 관리를 하기 때문에 보다 강력하고 일관되게 통제를 할 수 있고 브랜드 이미지를 높일 수 있다. 이것은 많은 자본이 필요하다는 단점이 있기는 하지만 전국적인 네트워크를 구축할 수 있기 때문에 주로 대기업에서 활용하고 있다. 하지만 직원들을 고용하여 가맹점을 운영하는 것이므로 직원들의 적극적인 자세를 유도하지 못하는 한 그 실효성이 떨어지는 편이다.

우리나라에서는 주로 패스트푸드점이나 패밀리 레스토랑에서 이러한 형태를 많이 이용하고 있으며 개인이 대기업의 브랜드를 이용해 사업을 할 수 있는 기회는 거의 얻을 수 없다.

### 2-2 자율 체인(Voluntary Chain)

독립자본에 의한 다수의 소매점이 모여서 각자가 갖고 있는 기능의 일부를 가맹본부에 위탁하여 프랜차이즈 시스템을 갖추고 영업을 하는 방식이다. 가맹본부가 도매업자라 할지라도 조직의 주체는 어디까지나 소매업자이며, 전 소매업이 체인경영의 의사결정에 참여하는 등 소매업자 간의 수평적 관계가 중시된다. 이것은 독립자본을 가진 다수의 소매점이 모여서 공동 브랜드나 동일 업종을 조합해 사업을 전개해 나가는 것으로 각자가 지닌 기능의 일부를 가맹본부에 위탁하여 프랜차이즈 시스템을 갖추기도 한다.

소매점주가 자기만의 고유한 특성을 살려 경영능력을 발휘할 수 있기 때문에 가격의 탄력성 유지나 취급상품의 종류에 대한 규제를 피할 수 있다. 이처럼 자율적이기는 하지만 보다 강력한 브랜드 이미지는 심어줄 수 없다는 한계를 안고 있다.

## 2-3 프랜차이즈 체인(Franchise Chain)

프랜차이즈 체인은 가맹본부나 각 가맹점이 모두 독립자본에 의한 사업자이지만 운영의 주체는 가맹본부에 있으며 가맹점은 체인경영의 의사결정에 적극적으로 참여하지 않는 프랜차이즈 시스템이다. 가맹점 간의 수평적 연결보다도 가맹본부와 가맹점 간의 수직적 관계가 중시된다.

프랜차이즈 가맹점은 가맹본부와 가맹점이 모두 독립적인 자본으로 형성된 사업자이지만 운영의 주체는 본부에 있으며 가맹점은 체인경영의 의사결정에 적극적으로 참여하지 않는다. 이때 본부는 개점이나 경영에 관한 노하우, 상호, 상품공급권, 지역독점권 등을 주고 영업을 지원하기 때문에 가맹점은 보다 쉽게 그리고 위험부담을 줄이면서 자기영업을 할 수 있다.

또한 가맹본부는 가맹점을 지원하면서 개점 시에 가맹비를 받으며 개점 후에도 로열티를 받아 운영되고 가맹점은 소매마진으로 운영된다. 하지만 가맹본부는 다양한 가맹점주들을 교육시켜 통일된 이미지를 구축해야 한다는 과제를 않고 있다. 전국적으로 동일한 브랜드를 사용하고 있으므로 어느 한 점포에서 이미지를 실추시키면 그것이 다른 지역까지 영향을 주기 때문이다. 따라서 본부는 강력한 리더십과 통제관리능력이 요구되며 가맹점은 본부의 전략에 절대적으로 따라주어야 한다. 그리고 프랜차이즈 가맹점형태는 본부에서 직영으로 운영하는 것과 달리 가맹점주의 역량에 따라 높은 성과를 올릴 수 있기 때문에 나름대로의 체계적인 관리능력을 쌓아 경영의 묘미를 느껴 볼 수 있다.

## 3 프랜차이즈 시스템의 특성

### 3-1 가맹점의 독립성

프랜차이즈 시스템은 가맹본부와 가맹점의 자율성이 인정되고 각자는 독립된 이윤의 흐름을 보장받는다는 점에서 일반적인 제품이나 서비스의 거래와는 다른 특징을 보인다.

### 3-2 제품의 동질성

프랜차이즈 시스템은 독립적인 경영자와 사업주체들로 구성되고 있지만 소비자들은 시스템 전체를 동질적인 것으로 인식하고 있다. 소비자들이 전체 시스템을 동질적으로 인식하므로 마케팅 활동에서 얻어지는 효과 역시 일반적인 기업의 경우보다 훨씬 높다고 할 수 있다.

### 3-3 협동성과 공동성

프랜차이즈 시스템은 거래 쌍방이 상호 조정과 환경 적응을 필요로 하기 때문에 본사는 항상 변화하는 환경에 알맞은 교육프로그램이나 마케팅 프로그램 개발에 항상 노력을 기울여야 한다.

### 3-4 불확실성의 감소

본사에서 영업을 지속적으로 확장하고자 할 때 해당 지역의 시장성 및 문화적 특성 등을 정확하게 예측할 수 없다. 이러한 경우 해당 지역의 가맹점들을 모집하여 영업활동을 허가해 줌으로써 정보의 부족에서 생기는 전반적인 불확실성을 감소시킬 수 있다.

### 3-5 소자본 창업

사업 확장에 필요한 막대한 자본이 필요하지 않다. 자본의 투자 면에서뿐만 아니라 영업활동에 있어서도 가맹점들이 자신들의 이익을 위한 동기를 가지기 때문에 본사로서는 별다른 노력을 기울이지 않아도 된다.

## 4 프랜차이즈 시스템의 분석

프랜차이즈에 대하여 법률적인 기준으로 정의를 내리는 것은 다른 형태의 유통조직과 구분하는 데 분명한 기준을 제공하지 못한다. 미국의 경우는 상무부에서 프랜차이즈를 비즈니스로 인정받기 위한 세 가지 기준으로 통제(control), 배타성(exclusively), 그리고 표준화(standardization)를 제시하고 있다.

### 4-1 유인의 불일치

가맹본부와 가맹점의 유인(incentive)은 항상 일치하지는 않는다. 그렇기 때문에 가맹본부는 가맹점의 네 가지 유형의 행동을 통제하기 위하여 계약서를 작성한다.

첫째, 무임승차의 유인(free riding incentive)으로서 가맹점들이 상표명을 공동으로 사용하는 경우 일반적으로 가맹점은 취급하는 비용을 절약하기 위해 제품의 품질을 저하시키는 행동을 하더라도 그 결과에 대한 책임은 지지 않으면서 자신의 원가를 절감시킬 수 있다.

둘째, 특별서비스 무임승차문제(special service free riding problem)로서 구매

전 서비스(pre-purchase service)를 소비자에게 제공하는 가맹점과 제공하지 않는 가맹점과의 관계에서 발생한다. 예를 들어 1960년대의 자동차 제조업자와 풀 서비스를 제공하는 자동차 딜러 사이에 이러한 문제가 발생하였는데 자동차 전시매장, 재고 및 판매원을 두지 않고 제조업자의 카탈로그만 보고 자동차를 판매하는 딜러에 대해 자동차 제조업자가 풀 서비스 딜러와 동일한 가격으로 자동차를 공급함에 따라 생기는 문제이다.

셋째, 가맹본부가 가맹점에게 해당 지역에서 독점적인 영업을 할 수 있도록 독점지역(exclusive territory)을 허가하는 경우에, 가맹점이 판매가격 결정에 대해 어느 정도의 권한을 갖게 됨으로써 가맹본부와 가맹점 사이에 유인의 불일치를 초래할 수도 있다.

넷째, 위의 세 가지 형태보다 더 광범위하고 심각한 것으로 가맹점의 역유인문제이다. 특히 다수의 가맹점들이 공동으로 사용하는 상표에 대한 소비자의 집착이 없거나, 소비자가 풀 서비스를 제공하는 가맹점으로부터 서비스를 제공받고 풀 서비스를 제공하지 않는 가맹점으로부터 제품이나 서비스를 구매하는 경우에 또는 가맹점이 시장영향력을 갖지 않는 경우에도 상당한 역유인문제가 발생할 가능성이 있다. 이러한 역유인문제가 발생할 조건은 가맹점이 마케팅 노력과 같은 제품의 수용에 영향을 미치는 투입요소의 일부를 통제하거나 가맹본부가 가맹점에게의 판매가격이 한계비용보다 커야 한다는 것이다. 이러한 조건하에서 가맹본부는 추가제품을 판매할 유인을 갖게 되며 가맹점이 추가적인 마케팅 서비스를 제공하기를 바란다. 그러나 가맹점이 어느 정도의 마케팅 서비스를 제공할 것인가를 결정함에 있어서 추가적인 매출로부터 가맹본부가 벌어들이는 이익은 고려하지 않는다.

### 4-2 계약조항의 역할

계약조항은 두 가지 상이한 방향으로 가맹점의 행동을 유도한다. 첫째는 계약조항이 가맹점으로 하여금 가맹본부가 원하는 방향으로 일을 하도록 유인을 제공하는 것이다. 예를 들어 가맹점의 마케팅 노력의 수준을 명시하거나 대용치(proxy)를 명시하는 것이다. 대용치란 가맹점의 마케팅 노력을 가늠할 수 있는 고용된 판매원의 수, 각 가맹점의 독점지역 등이 이의 예가 된다. 이러한 조항들은 소송의 위험이 있으므로 가맹점의 행동을 유도하는 데 충분한 것으로 가정된다.

둘째는 가맹본부가 가맹점에게 바라는 행동이 매우 복잡하고 측정하기 어려울 뿐 아니라, 이러한 계약만으로는 가능한 모든 내용을 명시할 수 없으므로 완벽하지 못하다. 따라서 법적인 효과에 기대를 거는 계약조항보다는 스스로 실행하도록 유도하는 방법을 촉진하는 방향으로 프랜차이즈 계약조항이 설계된다. 가령 거래 또는 계약의 종결이 법률적 위협보다 더 큰 효과가 있을 수 있다. 스스로 실행하도록 유도하는 방법이 효과적인 역할을 하기 위해서는 가맹점에게 충분한 수익이나 미래의 프리미엄을 제공할 수 있도록 계약조항이 설계되어야 한다.

가맹점이 확실히 이행하기 위해서 가맹본부는 단순히 소매가격을 설정하는 것 이상의 것을 해야 한다. 즉, 가맹본부는 가맹점의 이익을 위한 경쟁이 사라지지 않도록 계약을 설정해야 하며 가맹점의 이행상태를 적극적으로 감시해야 한다.

## 4-3 신뢰성 있는 약속

스스로 실행하도록 유도하는 방법이 효과가 있기 위해서는 가맹점이 가맹본부가 원하는 대로 이행을 하면 미래 프리미엄 흐름을 받게 될 것임을 가맹본부는 보장해 줄 수 있어야 한다. 그러나 가맹본부는 프리미엄을 지불하는 것이 지불하지 않는 것보다 저렴한 경우에만 가맹점에게 미래의 프리미엄 흐름을 지급할 것을 약속할 것이다. 가맹본부가 프리미엄을 지급하지 않으면 비용을 절감하게 되지만 자체적으로 유통을 관리하는 추가비용을 부담해야 한다. 따라서 프랜차이즈에 비교하여 소유하는 형태의 이점이 가맹본부의 원가가 가맹본부가 가맹점에게 약속할 수 있는 미래 프리미엄의 최대수준을 결정한다.

## 5 프랜차이즈 창업비용

### 5-1 창업비용 개요

프랜차이즈 창업을 위해서는 여러 가지 요소가 필요하나 그중에서 가장 대표적인 것을 들면 사업목적, 창업자, 사업 아이디어, 물적 · 인적자원 등을 들 수 있으며, 필수요소로서의 물적 자원은 기계, 설비, 건물, 원료 등의 확보를 말한다. 또한 이들을 조달하기 위해서는 비용이 필요하다. 프랜차이즈 가맹점의 초기 창업비용은 점포구입비, 시설투자비, 인테리어비, 가맹비, 보증금, 로열티 등을 들 수 있다.

### 5-2 가맹비

가맹비는 명칭이나 지급형태 여하에 불구하고 가맹점사업자가 가맹점운영권을 부여받을 당시에 영업표지의 사용허가와 영업활동에 관한 지원 · 교육 등의 대가로 가맹본부에게 지급하는 금전, 가맹점사업자가 상품의 판매대금 등에 관한 채무액 또는 손해배상액의 지급을 담보하기 위하여 가맹본부에게 지급하는 금전, 가맹점사업자가 가맹본부의 계약에 의하여 승낙 받은 영업표지의 사용과 영업활동에 관한 지원 · 교육 등의 대가로 가맹본부에게 정기적으로 지급하는 금전을 말한다. 즉, 가맹계약 체결 시 가맹계약자가 가맹사업자에게 지급하는 비용으로 점포개설에 따른 최초 훈련비, 장소선정 지원비, 가맹사업 운영 매뉴얼 제공비, 부가가치세 등에 대한 지불비용이다.

### 5-3 보증금

보증금은 가맹계약자가 가맹사업자에게 상품 · 자재의 대금, 로열티, 광고 · 판촉비 등의 채무액 또는 손해배상액의 지급을 담보하기 위하여 계약체결 시에 계약이행 명목으로 지급하거나 이에 상당하는 계약이행보증보험증권 또는 물적 담보를 말한다.

### 5-4 로열티

로열티는 특허권, 실용신안권, 상표권 등의 공업소유권의 사용료로서 가맹점은 체인 본사에서 개발한 프랜차이즈 시스템의 노하우를 사용하기 위해 계약 당시에 가맹비를 지불하고, 계약한 후에는 정기적으로 로열티를 지불한다. 이 비용은 가맹점에 차후 반환되지 않는 것이 일반적이다. 이처럼 로열티는 가맹계약자가 가맹사업자에게 상호·상표서비스, 표·휘장 등의 사용권한 및 경영지원에 대한 대가로서 정기적으로 지불하는 비용을 말한다. 지급방법은 매출 또는 이익의 일정비율이나 일정금액으로 지급하며 이에 대해서는 가맹계약자와 가맹사업자 간의 협의된 계약에 따라 설정될 수 있다.

## 6 프랜차이즈의 장점

### 6-1 종업원 교육훈련

맥도날드, 홀리데이 인, 버거킹과 같이 규모가 큰 프랜차이즈는 가맹본부에서 제공하는 교육훈련 프로그램이 있다. 프랜차이즈를 처음 개설하는 가맹점은 본부에서 일정한 기간 동안 청소 및 정리정돈에서 회계, 원가관리, 제품생산에 이르기까지 경영 전반에 걸친 노하우를 습득하게 된다. 대부분의 프랜차이즈는 품질 유지와 원조를 제안하기 위해 본부와 상호 교류하게 된다.

## 6-2 재정지원

자신의 사업을 창업하는 데 필요한 자금이 막대하게 소요되는 반면에, 프랜차이즈는 상대적으로 덜한 편이다. 대부분의 경우에 프랜차이즈는 창업자금이나 사업자금을 금융기관으로부터 유리하게 지원받을 수 있다. 가맹본부의 명성과 신용평가 정도가 자금조달의 중요한 척도가 될 수 있으며, 때에 따라서는 가맹본부가 대출에 대해 공동 서명하는 경우도 있다.

## 6-3 마케팅

가맹본부는 프랜차이즈의 이름과 로고를 광고하기 위한 비용을 가맹점에게 부분적으로 부담시킨다. 프랜차이즈가 전국적인 네트워크로 연결되어 있다는 것은 많은 장점을 가지고 있다. 고객은 프랜차이즈의 명성에 의해서 제품을 인지하게 되고 위치에 관계없이 지속적으로 품질과 서비스가 유지된다고 알고 있기 때문에 제품과 서비스를 구매하는 것이다. 가맹본부는 광고효과를 극대화하기 위해서 마케팅 접근을 시도하며, 각 지역 가맹점은 이들 기법을 전수받고 예측가능한 결과를 확신하게 된다. 이는 품질관리와 표준화를 고집하는 이유이기도 하다.

## 6-4 운영 혜택

프랜차이즈사업을 시작했다는 것은 실제로 이미 만들어진 사업체를 인수하는 것과 유사하다. 운영시스템은 이미 시도, 입증, 표준화된 것이다. 프랜차이즈가 가맹본부가 요구한 대로 관리된다면 수익성은 보장될 수 있을 것이다. 프랜차이즈를 운영하는 동안 시행착오를 극복하지 못하여 수익성 있는 사업체의 기회를 상실하는 경우도 있다.

#### (1) 프랜차이즈 개설비용

프랜차이즈 개설을 위한 비용은 여러 요인으로 구성되어 있는데, 그중에서 프랜차이즈 영업권이 주요 항목이라고 볼 수 있으며 지명도가 높을수록 높게 부과되는 것이 일반적이다. 그 이외에 특허권사용료, 광고비, 재고 및 운송비, 장비임대료 등을 포함한다. 이들 비용이 프랜차이즈 영업권에 포함될 때 총투자비용은 상당히 커질 수 있다.

#### (2) 성장의 제약

사업이 성장하기 위한 가장 기본적인 방법 중의 하나는 현재의 판매영역을 확장하는 것이다. 그렇지만 많은 프랜차이즈는 판매영역을 제한하는 계약조건을 가지고 있기 때문에 성장을 저해하는 요인으로 작용할 수 있다. 일반적으로 똑같은 영역 내에서 또 하나의 프랜차이즈를 운영할 수 있는 권리를 부여하지는 않는다.

#### (3) 독립의 어려움

가맹점은 프랜차이즈계약에서 경영에 관련된 상당히 많은 부분을 양보하고 있다. 이는 사업 운영에 대한 가맹본부의 관리와 통제가 사업 성공을 보장하는 데 도움이 된다고 할지라도 사업의 독립성을 소중히 여기는 창업자에게는 경영권 행사가 제한될 수 있기 때문에 사업의 독립성을 보장하기에는 어려움이 있다.

## 7 프랜차이즈 기회의 평가

### 7-1 프랜차이즈 위치

적정한 프랜차이즈의 위치선정은 창업 초기뿐만 아니라 이후의 성장을 용이하게 한다. 고객의 관심 또는 인지도는 신문, 잡지의 광고를 통하여 노출되기 시작하며 이들에 의해서 창업자가 추구하는 기업가정신, 기업의 사명, 목표 등이 표출되기도 한다.

## 7-2 글로벌 프랜차이즈 기회

프랜차이즈는 다른 나라에서 창업할 수 있는 많은 기회를 가지고 있다. 전통적으로 미국은 지리적 근접성과 언어의 유사성으로 인하여 캐나다에 국제적인 프랜차이즈를 운영해 왔다. 그렇지만 최근 들어서면서 유럽공동체, 소련의 붕괴, 북아메리카자유무역협정 등으로 미국의 대형 프랜차이즈들은 외국시장에 눈을 돌리기 시작했다.

## 7-3 프랜차이즈 탐색

프랜차이즈를 성공적으로 창업하기 위해서는 대상 프랜차이즈의 계약조건의 특성을 주의 깊게 탐색하여야 한다. 가맹본부는 가맹점에 대해서 적정한 창업자인지 탐색하고 싶어 하는 반면에, 가맹점은 가맹본부가 제공하는 기회의 유형을 평가하고 싶어 하는 평가과정을 거치게 된다. 프랜차이즈 창업자는 무엇을 가지고 1차적으로 프랜차이즈 기회를 평가해야 하는가? 어떤 정보가 유용한가? 어떤 기관이 프랜차이즈에 관한 정보를 제공하고 있는가? 기본적으로 다음과 같은 세 가지의 정보원천으로부터 탐색될 수 있다.

① 독점판매업자(franchiser)로부터의 정보

② 정보원으로서 연쇄점 가맹점(franchisee)으로부터의 정보

③ 제3자(정부 또는 관련기관)로부터의 정보

## 7-4 프랜차이즈 개설 체크요인

- 가맹본부의 사업 경험, 가맹점 수 등
- CEO, 관리자 등에 대한 사업경험, 프랜차이즈 서비스, 교육훈련, 프랜차이즈 프로그램을 위한 관리능력
- 가맹본부, CEO, 관리자 등의 소송 경험
- 프랜차이즈 개설 이후에 계속적으로 지불되는 비용
- 가맹본부로부터 구매요구를 포함한 프랜차이즈에 적용된 제품과 서비스 품질에 대한 제약조건
- 프랜차이즈를 개설하는 데 가맹본부로부터의 금융지원
- 영업을 위해서 허용되는 제품과 서비스에 대한 제약조건
- 프랜차이즈 고객에 대한 제약조건
- 가맹점을 보장할 관할구역 보호조치
- 가맹본부에 의한 갱신 거절 및 재구매조건, 제3의 가맹점으로 이전, 소유주의 변경 또는 파산
- 가맹점에게 제공되는 훈련 프로그램
- 가맹점에 대한 명성 또는 지명도
- 위치선정에 대한 지원
- 프랜차이즈에 대한 통계: 향후 예상 가맹점 수, 과거 파산 프랜차이즈 수, 과거에 갱신 가맹점 수, 갱신을 포기한 가맹점 수
- 가맹본부의 재무제표
- 가맹점의 프랜차이즈 운영에 참여 정도
- 판매목표에 근거한 가맹점에게 제시된 계약조건(실제로 요구된 목표를 달성하고 있는 프랜차이즈의 비율을 포함)
- 관련된 다른 프랜차이즈의 이름과 주소 목록

## 7-5 비즈니스 플랜 작성 시 고려사항

- 가맹본부의 재무안정성 및 과거 경력을 파악한다(이는 프랜차이즈의 생존능력을 평가하는 중요한 요인이다).
- 가맹본부가 제공할 교육프로그램의 유형을 면밀히 파악해야 한다.
- 프랜차이즈는 가맹본부에 의존하기 때문에 은행이나 투자자는 가맹점으로서 가맹본부에 대한 정보에 관심을 기울여야 한다.
- 특허에 관한 문제는 프랜차이즈 시스템에 영향을 미치기 때문에 프랜차이즈를 평가하는 요인의 문제점으로 비즈니스 플랜에 포함해야 한다.

# 5장

# 가족기업

1. 가족기업의 설립
2. 가족기업 경영의 특징
3. 가족기업의 발전모형
4. 가족기업의 승계

# 5장 가족기업

## 1 가족기업의 설립

### 1-1 가족기업이란?

로젠블렛트 등(Rosenblatt et. al)에 의하면 "가족기업(family business, family-owned business, family controlled enterprise)은 설립자의 가족으로부터 아직 관리되고 있으며, 이후에 1세대에서 다음 세대로 성공적으로 계속 계승되는 기업이며, 또한 대부분의 소유의식이나 또는 조절능력은 단일가계 범위 내에 있는 기업이다"라고 말하고 있다. 한편 핸들러(Handler)는 기업의 대부분을 가족이 함께 공유하고 있고, 적어도 가족의 구성원 중의 한 명 이상이 관리하고 있을 때 이를 가족기업이라고 정의하고 있다.

즉, 가족기업은 단일가계에 의해 적어도 기업의 51%가 소유되고 있고 적어도 2명 이상의 구성원이 관리행동에 포함되어 있어야 하며 덧붙여서 경영권이 다음 세대 가족구성원에게 넘어간다고 예측되는 것이어야 한다. 가족기업은 소유권의 정도, 가족구성원에 의한 관리의 정도, 가족원의 포함과 다음 세대로의 권력이양 정도에 따라 정의될 수 있다. 또한 넓은 의미의 가족기업은 "가족이 기업의 주요한 의사결정이나 전략적 방향을 지배하는 기업"을 말하며, 좁은 의미로는 "창업자나 창업자의 후계자 혹은 복수세대가 경영하는 기업"이라고 할 수 있다. 우리나라의 경우, 대부분의 중소기업은 좁은 의미의 개념을, 대기업은 넓은 의미의 개념을 적용할 때 가족기업이라고 볼 수 있다.

가족기업은 사업을 운영하는 데 있어 둘 또는 그 이상의 동일한 가족의 소유 또는 부분적인 개입에 의해서 특징지어진다. 특성과 개입의 정도는 다양하게 나타난다. 어떤 기업에서는 가족의 구성원이 상시종업원 또는 임시종업원으로 근무할 수도 있다. 예를 들어 소규모 레스토랑을 운영하는 경우에 부인은 홀에서 서빙을 담당할 수 있으며 아들은 주방에서 요리를 담당할 수도 있다.

가족기업은 창업세대에서 다음 세대로 계승될 때 또 다른 하나의 가족기업으로 특징지어질 수 있다. 대부분의 가족기업은 규모가 커짐에 따라서 가족에 대한 고려가 중요한 요인으로 작용될 수 있다. 월마트, 포드자동차, 삼성, LG와 같은 회사들은 아직까지 많은 사람들에게 가족에 의해서 승계되어 온 기업으로 인지되고 있다.

LG의 경우, 연암 구인회는 오늘의 LG그룹을 창업한 기업가이다. 그가 최초로 창업한 것은 '구인회상점'이라는 포목상이었다. 이후 광복을 맞이하면서 '조선흥업사'라는 무역회사를 설립하였으며 이어서 '락희화학공업사'를 설립하여 화장품과 합성수지제품의 교두보를 마련하게 되었다. 사업의 번창과 아울러 '금성사'를 설립하여 우리나라의 전기 · 전자산업에 기여하였다. 연암의 뒤를 이어 상남 구자경이 LG의 제2대 회장으로 취임하였다. 상남은 럭키금성그룹의 계열사(금성사, 금성통신, 한국광업제련, 반도상사, 금성전기, 범한화재, 금성전선, 금성계전 등)의 기업공개와 전략적 투자를 통한 사업영역을 확대하고 'LG'라는 새로운 그룹이름으로 사명을 변경하여 장남 구본무를 제3대 LG회장으로 추대하였다. 구본무 회장 타계 이후 구광모 회장이 취임하여 오늘에 이르고 있다. 사회적 통념상 사람들은 지금도 어느 정도 LG를 가족기업으로서 인식하고 있다.

### 1-2 가족과 사업의 이중성

가족기업은 하나의 가족과 사업체가 결합되어 조직된다. 이들이 독립적인 조직으로서 구성원, 목적, 가치 등이 다르다고 할지라도 가족기업 측면에서는 두 개의 개념이 존재하는 이중성을 가지고 있다. 가족과 기업은 근본적으로 다른 이유로 존재한다. 가족의 일차적인 기능은 가족구성원의 부양과 보호에 관련되는 반면에 사업은 제품과 서비스의 생산과 분배에 관심을 가지고 있다. 가족의 목적은 가족구성원에 대한 자기개발과 보상 그리고 동등한 기회의 제공이라고 볼 수 있는 반면에 사업체의 목적은 수익성 창출과 생존이라고 볼 수 있다. 이들 목적은 조화 또는 갈등을 일으킬 수 있지만 분명한 것은 동일하지 않다는 것이다. 간단히 말해서 가족을 위해서 최선이 무엇인지 또는 사업을 위해서 최선이 무엇인지의 문제일지도 모른다.

### 1-3 가족과 사업에 영향을 주는 의사결정

가족기업은 가족과 기업의 이중성을 가지고 있기 때문에 경영의결정과정을 복잡하게 하는 경우가 있다. 많은 의사결정들이 사업과 가족에 영향을 미친다. 예를 들어 아버지와 아들이 상급자와 하급자의 관계에서 업적평가를 한다고 가정해 보자. 가족의 구성원이 아닌 종업원을 평가하는 경우에도 잠재적인 감정이 개입된다고 볼 수 있는데 가족관계라는 사실은 과도한 감정개입을 유발할 수 있다. 기업은 생존을 위해서 가족의 관심을 만족시키는 것과 타협될 수는 없는 것이다. 가족기업이 성장하기 위해서는 전문경영의 필요성과 가족의 관심이 부수적이어야 한다는 사실을 인식해야 한다. 가족기업의 건강한 성장과 생존은 사업과 가족의 적정한 균형이 요구되지만 둘 다 만족시킬 수는 없는 것이다.

오늘날 급변하는 동태적인 시장환경에서 가족기업이 살아남기 위해서는 효율적으로 가족이란 자원을 관리하여야 한다. 즉 가족은 자원이며 기업에 정(+)의 효과 또는 부(−)의 효과로 영향을 끼치는데, 중요한 것은 가족기업 관계자들이 가족을 어떻게 관리하는가에 따라 기업의 경쟁우위가 결정된다고 볼 수 있다.

### 1-4 가족기업의 장점과 단점

가족기업은 가족구성원의 참여로 인하여 많은 장점과 단점을 가지고 있다. 가족기업의 장점으로 내세울 수 있는 것은, 첫째 기업에 대한 가치관의 공유는 가족구성원 간의 결속력을 강하게 하고 세대 간의 기업승계에 대한 사명감을 가지게 한다. 둘째, 가족구성원은 사업을 계속적으로 유지하기 위해 헌신하며 가족의 이름과 사회적 지위에 대해서 공동의 목표를 가지고 일한다. 셋째, 가족의 이름을 이용한 광고는 경쟁자를 차별화하고 기업에 대한 확신과 기업윤리의 실천을 고객에게 인지할 수 있도록 한다.

가족기업의 단점은, 첫째, 가족구성원 간의 기업계승, 경영문제 등으로 인하여 갈등을 가져올 수 있다. 둘째, 가족과 기업의 역할 모호성과 기업 내에서 역할수행에 대한 혼란이 발생할 수 있다.

### 1-5 가족기업시스템

가족기업은 보통 가족과 기업의 두 가지 시스템으로 나누어진다. 가족과 기업은 서로의 추구하는 바가 달라 어려움을 겪게 되는 경우가 종종 발생한다. 즉, 가족은 균등과 가족애를 목표로 가족구성원의 발전을 도모하는 반면에, 기업은 각자의 장점을 기반으로 하여 성장과 이익추구를 목표로 한다. 가족은 조화와 구성원의 화목을 추구하며 상대적으로 비공식적인 규칙에 따라 움직이는 반면에, 기업은 공식적인 관계를 중요시 여기며 규정과 평가기준에 따라 움직인다.

따라서 가족은 감정적 시스템(emotional system)이며 기업은 합리적인 시스템(rational system)이다. 따라서 서로 상이한 두 시스템은 조화와 균형을 바탕으로 성장과 발전을 유지해야 한다.

## 2 가족기업 경영의 특징

### 2-1 바람직한 경영을 위한 요구

효율적인 경영은 어떤 기업의 영속성을 위해서 필요하며 가족기업도 예외는 아니다. 가족기업의 바람직한 경영을 위해는 다음과 같은 경영관리의 실천이 요구된다.

- 가족기업은 전문경영자에 의해서 경영되어야 하며 경영능력이 결핍된 가족구성원이 개입해서는 안 된다.
- 경영의사결정에 가족구성원의 편파적인 개입이 아닌 비가족구성원의 객관적인 평가가 포함되어야 한다.
- 가족기업의 승계계획은 소유권의 변화에 관한 의지가 공개적으로 의논되고 개발되어야 하며 전문적인 개발절차에 의해서 진행되어야 한다.

### 2-2 가족기업의 종업원

가족기업의 종업원은 비가족기업(일반기업)과는 다른 특성을 가지고 있다. 비가족기업은 종업원에 대한 인적관리를 필요로 하지만 가족기업은 기업에 참여하고 있는 가족구성원과 비가족구성원 모두를 관리해야 한다. 특히, 가족구성원에 대한 적정한 인적관리를 통해서 비가족구성원 간의 갈등을 최소화하고 효율적인 경영을 모색해야 한다. 가족기업은 가족구성원에 대한 업무수행 및 평가, 승진기회의 객관성 유지가 어려우며 원만한 가족관계를 유지하면서 가족기업의 경영에 저해가 되지 않는 인적자원관리가 요구되기 때문에 일반기업과는 다른 특수성을 가지고 있다.

### 2-3 가족위원회

가족기업은 가족과 관련된 사업문제를 검토하고 의논하기 위해서 가족구성원으로 조직된 가족위원회를 운영하는 경우가 있다. 위원회의 목적은 가족기업의 현안을 해결하고 정책을 결정하며 자기반성의 기회를 제공하는 데 있다. 가족위원회는 가족기업의 미래에 대한 방향, 정책, 가치 등을 논의하기 위한 가족구성원의 모임으로써 조직적 · 전략적 계획의 본부로서의 기능을 한다. 위원회는 정기적으로 개최되고 기업의 이사회에 제안사항을 의결하는 공식적인 모임으로 인식되어야 한다. 또한 가족구성원의 화합과 조화를 위해 유용하게 이용되어야 하며 사업을 효율적으로 운영하기 위한 준비 및 가족기업의 전통을 이어가는데 도움이 되도록 운영되어야 한다.

### 2-4 갈등관리

가족기업은 감정시스템인 가족과 합리적인 시스템인 기업으로 이루어진 복합시스템이다. 더욱이 다양한 가치관과 목적을 가진 가족구성원으로 이루어져 있으므로 가족이나 기업에서 갈등이 나타날 가능성이 매우 높다. 물론 승계 시 또는 CEO의 은퇴 후 승계계획, 후손에 대한 유산계획과 자선단체 및 사회환원에 대한 갈등이 나타날 수 있다. 주요 논쟁사항으로는 가족구성원 간의 의견충돌, 가족규율에 대한 갈등, 가족구성원 간의 조화, 가족회의 구성 및 개최 여부, 은퇴 후 자산분배, 유산계획 등이 있다.

### 2-5 전략적 계획

가족기업은 대부분 소규모 영세기업이 많으므로 뚜렷한 목표나 임무 또는 구체적인 전략이 없는 상태에서 기업을 경영하는 경우가 많다. 성공적인 가족기업이 되기 위해서는 승계계획과 함께 전략적 계획수립이 중요하다. 주요 사항으로는 명백하고 효율적인 비전과 목표의 존재 여부, 기업의 미래에 대한 구체적인 목적의 유무, 멘토의 역할을 수행할 비가족구성원의 존재 여부, 기업지배에 관련된 성문화된 서류의 소지 여부 등을 들 수 있다.

## 3 가족기업의 발전모형

기업, 소유권, 가족의 세 가지 요소는 특정 시점에 어느 가족기업시스템의 스텝을 나타내고 있다. 이는 기업을 이해하는 데 있어 매우 유용한 첫 번째 단계이다. 그러나 가족기업이 직면한 가장 중요한 것 중의 대부분은 시간의 경과에 의해 야기된다. 가족기업은 소유권의 분배, 가족 내부, 그리고 조직 내에서 변화를 수반한다.

시간이 지남에 따라 사람들이 진입, 퇴출할 때 각 요소의 변화가 어떠한가를 보는 것은 쉽다. 가족은 결혼과 출산, 이혼과 죽음을 통하여 끝없는 일련의 진입을 한다. 우리 모두는 가족 내에서 가진 몇 가지의 경험을 토대로 하여 이에 부수적인 몇 가지가 가족을 변화시킨다는 직관적인 이해를 가지고 있다. 기업 내에서 새로운 신규 소유자가 소유권을 가지거나 포기하는 것, 주주나 핵심경영자의 진입 · 퇴출, 이러한 모든 것도 시간이 지남에 따라 변화하는 것은 마찬가지이다.

개개인이 시스템 내에서 경계를 이동하는 것과 같이 모든 가족기업이 어떻게 변화하는가를 보는 것은 매우 중요하다. 다른 말로 하면, 어느 한 개인이 한 섹터에서 다른 섹터로 이동하는 것, 즉 가족구성원이 가족구성원 · 종업원으로, 종업원이 종업원 · 소유권자로 이동하는 것은 시스템 전체의 반응을 자극할 수 있다. 기업 내에 신세대가 처음으로 입사한다는 것, 단지 가족구성원이던 사람이 가족구성원 · 종업원이 되는 것은 매우 중요한 사건이다. 소유권 분배가 처음으로 새로운 사람에게 이루어졌을 때, 이는 가족구성원이나 비가족구성원에게는 획기적인 모멘트가 된다. 이러한 이동의 대부분은 비록 불확실하나 세금 감면이나 연말 선물 등으로 행해지나, 광범위하게 인정받는 결과는 아니다. 가족기업의 구성원이 경계를 넘어 이동하며, 나아가 각 개개인의 삶에 이러한 이동이 주는 의미는 모든 가족기업에게 가장 핵심적인 현상이다.

시간이 지남에 따라 세 가지 요소에 나타나는 결과는 가족기업의 3차원 발전 모형으로 명명되었다. 이러한 세 가지의 부수적인 요소 '소유권, 가족, 그리고 기업'은 각자 개별적인 차원이다. 소유권 요소는 소유권 요소대로, 가족 요소는 가족 요소대로, 그리고 기업 요소는 기업 요소대로 발전한다. 이러한 세 가지의 개발 요소는 서로 영향을 주고받지만 또한 독립적이다. 각 부분은 일련의 자체적인 연속에 따라 그리고 페이스에 따라 변한다.

이 모형은 소유권, 가족, 기업이라는 세 가지의 발전 축을 갖고 있으며 이는 3차원의 공간을 나타내고 있다. 모든 가족기업은 소유권 개발축, 가족 개발축, 그리고 기업 개발축의 어느 한 점에서 시작하여 발전한다. 기업은 이러한 세 가지 개발축에 따라 특별한 특징을 갖고 있다. 소유권 차원에서는 주주총회(shareholder meetings)와 이사회(board of directors), 가족 차원에서는 가족계획을 위한 가족위원회(family council), 기업 차원에서는 경영개발을 위한 경영개발팀(management development team)이 이에 속한다. 나아가 각 차원의 관심사항을 개별적인 관점에서가 아니라, 이를 상호 유기적으로 그리고 전체적으로 고려할 때 가족기업의 성장 · 발전이 가능할 것이다. 이러한 3차원 시스템의 입장에서 가족기업을 고찰할 때 비로소 우발적인 어려움에 대한 대비뿐만 아니라 기업의 영속성도 보장할 수 있으며 가족기업이 어느 차원의 새로운 단계로 이동함에 따라 새로운 특징을 가진 새로운 모습이 나타난다. 다음은 이러한 세 가지 차원의 개발모형을 자세히 설명하고자 한다.

## 3-1 소유권 차원

첫 번째 차원은 시간이 지남에 따라 변하는 소유권의 축을 다루고 있다. 이는 가족 소유권의 형태가 다름에 따라 가족기업의 모든 측면에서 근본적인 차이가 나타남을 의미한다. 즉, 가족기업에서는 소유권의 구조가 거의 제한이 없을 정도로 다양하게 나타나고 있다. 어떤 기업은 한 개인이나 부부 혹은 아무 관련 없는 두 협력자에 의해 지배되는 경우도 있다. 반면 가족구성원은 혼합, 일반주주, 신탁자, 그에 대한 유용한 모형을 제공할 필요가 있다. 따라서 이 단일요소와 함께 다른 두 요소에 대한 유용한 모형을 제공할 필요가 있다.

이러한 복잡한 현상 때문에 어떤 모형도 완전히 설명가능하고 중복되지 않는 모형은 없다. 하지만 소유권 개발의 핵심적인 문제는 이 세 단계에 잘 나타나 있다. 소유기업의 통제단계, 형제와의 협력단계, 사촌과의 컨소시엄이다. 이러한 세 가지 카테고리는 가족기업에 종사하고 있는 전문가에게 다른 형태의 기업에서 나타나는 아주 중요한 차이점을 설명해 주며, 또한 현재 소유권의 구조가 자사와는 다른 기업과 가족의 운영 측면에 어떻게 영향을 끼치는가를 가족들에게 설명하는 데 도움을 준다.

대부분의 기업은 소유자통제로부터 시작하여 시간이 지남에 따라 형제협력회사로 그리고 컨소시엄으로 이동한다. 그러나 모든 가족기업이 이러한 단계를 거치는 것은 아니다. 사실상 많은 기업은 한 세대 이상의 사람들에 의해 설립되고 운영되어 또 다른 세대로 이전된다. 예를 들어 앞 세대에서 승계를 받은 개인소유 경영자는 승계의 한 유형이며, 이 모형이 소유통제자의 대표형태이다. 그러나 이것이 유일한 가능성만은 아니다. 몇몇 통제기업은 그들의 지분을 둘 혹은 그 이상의 형제에게 분배하는 형제협력회사로 변한다. 또한 몇몇 형제협력회사는 소유권을 조카들에게 분배하거나 다음 세대 형제협력회사로 제한하기도 한다. 만일 단일의 개인이 다른 사람이 갖고 있는 소유권을 구입하거나 통합한다면 뒤의 두 형태는 소유권통제로 되돌아갈 수도 있다. 복수가족 소유권은 비가족주주,

증권, 신탁, 배당금의 첨가 등으로 각 개개인이 소유권을 통제하기도 한다.

이러한 다양한 형태가 존재하지만 이 세 가지 카테고리는 대부분의 기업에 해당된다. 어느 때이든지 간에 대부분의 가족기업은 이 세 가지 카테고리 중 어느 하나에 해당되며, 일련의 세대를 통하여 소유권통제로부터 형제협력단계로 그리고 사촌 컨소시엄의 단계로 헤쳐 나가곤 한다.

### 3-2 가족 차원

이 모형의 두 번째 차원은 시간이 지남에 따라 변하는 가족의 변수에 대한 것이다. 이 차원은 결혼, 부모-자식관계, 어른 형제들의 관계, 처가와의 관계, 의사소통유형, 그리고 가족의 역할을 통한 가족의 구조적, 개인 상호 간의 개발에 관한 것이다. 가족기업을 발전에 따른 몇 개의 하부그룹으로 나누는 것은 가족소유기업의 다양한 종류를 분류하는 데 도움을 준다. 비록 각 단계 간의 다양성과 중복이 뒤따르지만, 보통의 가족은 각 단계를 갖고 있다. 또한 한 단계에서 다른 단계로의 이동은 가족 발전 역사상 이해할 만하고 의미 있는 일이다. 사람들은 다음 단계에서 나타날 것을 기다리고 이런 미래(도전)가 무엇인지에 관하여 배우는 것이 특히 유용하다고 생각하므로 미래를 예측하고 준비한다.

### 3-3 기업 차원

마지막 차원은 시간 경과에 따른 기업의 성장 · 발전을 묘사한 것이다. 이 모형의 변수는 많은 기업수명주기 학자들의 연구로 이루어졌다. 가족기업을 연구하는 많은 학자들이 기업의 성숙에 대하여 연구하였다. 기업의 각 단계에서 나타나는 성장, 제품의 성숙, 자본화와 부채, 비가족 경영자 개발, 국제화 등의 수행 시 중요한 변수가 있다. 사실상 우리는 기업의 각 단계마다 기업 리더십의 승계나 외부인에게 가족 몫의 매매와 같은 의사결정을 할 경우, 강력하면서도 숨겨진 충격이 있다는 것을 알아내었다.

일반적으로 기업수명주기의 모형은 조직구조와 운용에서 야기된 특별한 변화에 의해 나타난 각 단계 사이의 차이를 잘 보여주고 있다. 이런 차별화의 수준은 이 3차원의 모형의 목적을 위해 아주 자세하게 나타나 있다. 기업 차원에서의 간단한 모형은 두 가지 단계로, 이는 기업의 단계를 설명하는 데 필수적이며 유용하다.

첫 번째 단계는 창업단계로 기업을 설립하여 생존이 문제가 될 시점까지가 이에 해당된다. 복잡한 가족집단 내에서 설립한 이들이 새로운 기업이든 새로운 사업부이든지 간에, 강력하고 특이한 특징으로 창업을 하곤 한다. 창업한 지 몇 해 동안 기업은 그들의 인생에 있어서 다른 어느 때보다도 특별하고 중요한 것이다.

두 번째 단계는 성장 · 공식화단계로, 기업이 광활한 스펙트럼을 형성한 단계이다. 이 단계는 모든 가족기업이 초기의 안정된 경로로 생산과 시장에 진출하고, 나아가 급속히 성장하여 조직체가 복잡하게 되는 것으로부터 성장속도와 조직변화가 극적으로 천천히 이루어지는 단계까지의 기간을 모두 포함한다. 이러한 단계는 현 세대의 끝까지 몇 년 혹은 수십 년이 지속될지도 모른다. 이 단계의 가족기업은 성장의 가도를 달려 한편으로는 소유집단의 비율을 증가시키고 다른 한편으로는 참여 가족의 수를 늘리는 때이다. 또한 이때의 가족기업은 성장의 가능성과 기회를 맛보기도 하고, 너무 성장한 나머지 때때로 가족기업에서 벗어나는 경우도 발생한다. 즉, 가족기업의 좋은 점과 나쁜 점을 모두 경험하기도 한다. 가족기업이 성공하여, 소유자가 받아들일 만한 높은 수준의 ROI(Return on Investment, 투자수익률)를 달성하기도 하고 가족구성원과 비가족구성원 모두에게 상당한 정도의 권한, 보상, 그리고 지위까지도 줄 수 있는 새로운 기회가 창조되기도 한다. 한편 기업의 성장 · 공식화가 멈추거나 허가될 경우 그 결과는 기업의 차원을 벗어나기 시작한다.

# 4 가족기업의 승계

## 4-1 후계자 선정 및 교육

바람직한 가족기업을 승계하기 위해서는 능력 있는 후계자의 선정이 중요하다. 후계자의 능력은 기업계승의 전환기 관리에 중요한 역할을 하며 후계자의 역할을 준비할 수 있도록 사회화시키는 것이 필요하다. 가족기업에 참여시켜 경영에 참여할 수 있도록 하거나 취업 또는 유학을 통해 경영기술을 습득하게 한 후에 가족기업에 참여할 수도 있다.

가족기업의 CEO는 일반기업의 CEO보다 훨씬 더 많은 어려움에 직면하곤 한다. 왜냐하면 가족기업의 CEO는 계승을 받은 후 출발부터 기업뿐만 아니라 가족 내에서도 가장의 역할과 책임을 수행하기 때문이다. 따라서 후계자에게 소유권, 책임, 역할 등이 분명하게 주어져야 하며 기업을 경영할 탁월한 능력을 교육 · 훈련시키는 것이 중요하다.

## 4-2 가족구성원들의 지지도

가족기업의 승계를 위해서는 가족구성원의 협의를 통해서 지지도가 높아야 갈등과 분쟁을 해소할 수 있다. 가족구성원들 간의 지지도가 높을수록 의사소통이 원활하며 후계자로 추대될 경우 원만한 계승계획을 추진할 수 있다.

가족기업에서 가족구성원은 가장 중요한 내부 이해관계자집단이다. 후계자는 가족구성원과 함께 수많은 재무적 · 사회적인 일로 기업에 직 · 간접으로 관여하고 있다. 후계자의 역할이나 다른 가족구성원의 역할을 인정하지 않는 가족구성원이 존재한다면 가족기업의 후계자는 이를 원만히 해결하기 위해 많은 시간과 노력을 투입할 것이다.

일반적으로 가족기업은 여러 명의 가족구성원이 함께 일하는 곳이므로 각자의 가족구성원들에게 바람직한 직무환경을 원한다. 바람직한 직무환경이란 각 가족구성원이 기업 내에서 각자가 수행할 개인적인 역할에 찬성하고 만족할 때만이 가능하다. 왜냐하면 역할에 대한 합의는 후계자의 권한을 합법적으로 인정하는 결과가 되며, 나아가 후계자의 결정과 계획을 인정한다면 후계자의 권력을 증가시키는 결과를 초래하기 때문이다.

### 4-3 창업자와 후계자와의 관계

가족기업의 창업자(소유자)와 후계자 간의 친밀성 정도가 중요한 역할을 한다. 또한 가족구성원 이외의 사람을 승계계획에 참여시킴으로써 가족기업의 원만한 승계가 이루어질 수 있도록 결정적인 역할을 한다.

잠재적인 후계자의 능력에 대한 현재의 CEO의 신뢰는 승계계획에 큰 영향을 미친다. 승계는 릴레이 경주의 바통 주고받기와 비슷하다. 그러므로 승계의 성공 가능성은 물려주는 현 CEO의 의도와 이를 물려받으려는 능력 있는 후계자의 성향에 의해서 정해지며 가장 핵심적인 요소이다. 즉, 현재의 CEO가 기업을 가족 내에 묶어두려는 욕망보다는 승계에 대한 의지가 있고 믿을 만한 후계자의 존재가 더욱더 중요하다고 볼 수도 있다.

### 4-4 승계계획

가족기업의 소유권 및 경영권이 창업자로부터 다음 세대로 어떤 과정을 거쳐 이양되는지는 가족기업의 중요한 문제의 하나이다. 넓은 의미로 승계계획은 여러 세대를 통하여 기업의 영속성을 보장할 목적으로 경영에 필요한 모든 것들을 포함하는 평생에 걸친 과정을 말한다. 효과적인 가족기업을 계승하기 위해서는 영향을 미치는 요인을 고려해야 한다. 효과적으로 가족기업을 계승하기 위해서는 능력 있는 후계자가 가족기업에 참여할 수 있어야 하며 가족구성원의 지지를 받아야 한다. 후계자는 긴밀한 가족관계를 유지하면서 기업과 가족시스템을 분리할 수 있어야 하며 가족기업에 참여하여 새로운 역할을 할 수 있도록 계획적인 승계가 이루어져야 한다. 승계계획은 다음과 같은 요인들이 고려되어야 한다.

- 후계자를 선발하는 방법
- 창업자와 후계자의 여러 단계에서의 직무기술을 포함한 리더십 역할의 전개
- 승계결과를 가족, 기업, 지역사회에 공지할 계획
- 최고경영층과 이사회의 변화 핵심 관리자를 위한 경력경로, 기업에 미래가족의 경영참여 등을 포함한 조직차원에서의 계획

# 6장

# 여성기업

# 6장 여성기업

## 1 여성기업이란?

최근 여성의 사회경제적 역할이 변화하고 그 중요성이 증대되고 있음에 따라 여성기업에 대한 관심이 커져가고 있는 것이 세계적인 추세이다. 여성기업의 증가는 여성의 경제활동을 촉진하고 사회경제적 지위를 향상시켜 남녀 차별 해소와 경제성장, 고용이 확대되는 효과도 있어 긍정적으로 장기적인 국가경제발전에 기여할 것으로 기대된다.

「여성기업지원에 관한 법률」에 따르면 여성기업은 여성이 당해 기업을 소유하거나 경영하는 기업으로서 대통령이 정하는 기준에 해당하는 기업으로 정의된다. 대통령이 정하는 기준에 해당하는 기업은 여성이 실질적으로 경영하는 기업으로서 다음에 해당하는 기업이다. 즉, 「상법」상의 회사로서 여성이 당해 회사의 대표권 있는 임원(회사대표)으로 등기되어 있는 회사이거나 또는 여성이 「소득세법」 제168조 또는 「부가가치세법」 제5조의 규정에 의하여 사업자등록을 한 사업체이다(시행령 제2조 1호). 전자의 경우, 회사대표가 여러 명(공동대표)인 경우에는 여성인 공동대표가 소유하는 주식(출자지불능력 포함하되, 「상법」 제370조의 규정에 의한 의결권 없는 주식은 제외)의 수가 남성인 공동대표가 소유하는 주식의 수보다 많은 회사로 한다고 되어 있다.

# 2 여성창업자의 특성

## 2-1 인구통계학적 특성

### (1) 연령

여성기업인의 창업당시의 연령은 40대가 45.4%로 가장 많고 30대가 33.8%이며, 남성기업인과 비교해서 여성기업인의 연령이 낮은 것으로 나타나고 있다.

### (2) 혼인상태

최근 들어 여성기업인의 90.7%가 기혼상태로 나타나 기혼비율이 점차 높아지는 경향을 보이고 있다.

### (3) 학력

여성기업인의 학력을 살펴보면 고졸 이하가 61.6%로 가장 높은 비중을 차지하고 4년제 대학 졸업이 22.9%로 그 다음을 차지하고 있다. 외국의 경우 여성기업인의 학력수준이 남성기업인보다 높으며 전공분야에서는 인문분야가 대부분을 차지하고 있는 것으로 보고되고 있다.

## 2-2 창업 전 경력

서구의 경우 여성과 남성 간에는 기업가의 창업 배경에서 큰 차이를 보이고 있다. 여성의 경우 남성보다 과거의 직업에서 관리업무를 덜 경험했으며, 과거의 일과 창업한 기업의 업종 간의 연관관계가 덜 밀접하며, 과거 취업기간이나 경력에서 여성창업자는 남성창업자에 비하여 크게 뒤떨어지는 것으로 보고되고 있다. 과거의 취업 경험에서의 열악함이 여성창업을 어렵게 하고 창업 이후의 경영에서 난관에 처하게 하는 중요한 요인으로 작용하고 있는 것으로 보인다. 우리나라의 경우 이러한 창업과정에서의 남녀 간의 비교자료가 없으므로 차이를 알기 어려우나 서구의 경우보다 여성기업인의 상황이 더 어려울 것임을 쉽게 짐작할 수 있다.

### 2-3 창업동기

여성기업가의 창업동기에 대한 주요 연구결과를 보면, 여성기업인의 경우 독립심과 성취욕구(자아실현욕구)가 중요한 창업동기 요인으로 나타나고 있다. 여성기업인의 창업동기는 복합적으로 나타난다. 즉, 다양한 끌어당기는 요인(pull factor)과 밀어내는 요인(push factor)에 의해서 창업을 시작하고 있다. 국가 간에 차이는 있겠지만 피고용자로서의 수동성을 탈피하기 위한 적극적 동기에서 출발한 경우를 포함하여 자신의 사업을 새로운 도전으로 생각하는 적극적인 동기가 복합적으로 작용한다고 볼 수 있다.

### 2-4 창업방법

우리나라와 외국의 경우 모두 여성기업인은 거의 대부분이 본인이 기업을 처음부터 창업하며 가족으로부터 물려받거나 혹은 기존의 기업을 구입한 경우는 소수에 불과하다. 미국의 경우 70%의 여성기업인이 자신이 처음부터 창업하였다고 보고하며, 캐나다의 경우 기존의 기업을 구입한 경우가 약 10~30%이고 가족으로부터 물려받은 경우는 5% 이하이며, 처음부터 창업한 경우는 65~85%에 해당한다고 분석하고 있다(NFWBO, 1999).

### 2-5 기업규모

일반적으로 여성소유의 기업은 남성소유 기업에 비하여 규모가 비교적 작다.

그 이유는 여러 가지가 있겠지만 동기의 차이, 선택된 산업과 사업연령, 자금요인 등을 들 수 있다.

첫째, 여성소유의 창업자들은 금전적인 측면보다는 일하는 시간에 대한 유연성이 중요한 창업동기 요인이라고 지적하는 학자들이 있다. 어떤 연구에서는 여성과 남성은 성공의 개념이 다르다는 것을 지적하고 있다. 여성의 경우, 성공은 성취감을 주는 어떤 것을 하는 것, 고객과의 지속적인 관계를 구축하는 것, 자신의 운명을 좌우하는 어떤 것을 성취하는 것이라고 생각한다는 것이다. 다른 연구에서는 창업동기와 성공척도와의 관계에서 찾아볼 수 있다. 이전 직장에서 도전에 실패했던 여성창업자는 개인적인 내적 성장 측면에서 성공의 척도를 가늠할지도 모른다. 그리고 이전 직업에서 가정과 일에 대해서 갈등을 겪었던 여성들은 가족책임과 일의 균형을 성취했다는 측면에서 성공을 생각할 수 있다.

둘째, 많은 여성소유 기업들은 서비스업에 속해 있기 때문에 제조업이나 도매업 등과 같은 다른 산업에 비해서 규모가 작다. 또한 기업규모에 영향을 미치는 중요한 요인 중의 하나가 사업연령이다. 여성소유 사업은 젊었을 때 설립되고, 대부분은 비정규직으로 시작하며 소규모 사업은 성장하기까지 시간이 걸린다. 많은 여성소유 기업들은 과거 30년 이내에 창업되었기 때문에 논리적으로 현존하는 사업체와 비교해 볼 때 규모가 작다고 볼 수 있다.

셋째, 많은 사람들은 여성소유 기업들이 자금여건에 대해서 동등하게 주어진다면 더 크게 성장할 수 있을 것이라고 믿는다. 여성창업자들은 전형적으로 남성에 비해서 적은 자금으로 창업을 시작한다. 따라서 다른 산업에 비해서 작은 규모의 창업자금으로 사업을 시작할 수 있기 때문에 서비스사업을 시작하는 경향이 있다. 더욱이 서비스사업이 가정에서 운영될 수 있다면 더 적은 창업자금이 소요될 것이다.

### 2-6 창업 준비과정에서 애로사항

기업의 창업과정에서 가장 어려운 점은 창업 자금조달일 것이다. 우리나라 여성기업인이 창업을 준비하면서 자금조달(45.35%)에 가장 큰 어려움을 겪고 있는 것으로 나타났으며, 입지선정 및 확보(13.2%), 판로개척(10.9%)의 순으로 어려움을 겪고 있는 것으로 분석되었다(여성경제인연합회, 2001).

## 3 여성기업의 특성 및 경영방식

### 3-1 업종 및 기업규모

여성 중소기업인은 전통적으로 여성적이라 간주되는 일부 소수의 산업에 집중하는 경향을 보이고 있다. 제조업이나 건설업에는 여성기업들이 매우 미약하게 진출해 있으며, 서비스산업(숙박, 음식업, 개인서비스업)에 집중적으로 분포되어 있다. 특히, 과거에 남성의 전유분야로 생각되었던 건설, 운송, 통신, 금융, 보험, 부동산중개업 등에서 여성기업의 진출이 확대될 것으로 전망된다.

여성기업의 규모는 대체적으로 영세하다고 볼 수 있다. 여성기업의 경우 선택적 창업보다는 필요에 의한 창업인 경우가 많으며 필요에 의한 창업의 경우 자신의 고용보장과 한정된 규모의 기업활동으로 제한된다. 또한 여성은 제한된 인적 · 사회적 자원을 가지고 창업을 하며 이후 자금조달이나 기타 자원의 조달과정에서 불이익을 경험하는 경우가 많다. 따라서 기업의 규모가 영세한 상태일 가능성이 높다.

## 3-2 리더십 유형

여성기업인은 명령과 위계를 통한 권위적 리더십 유형보다는 협조적 리더십 유형을 더 보인다. 조직구성원의 의견을 청취하고 조직구성원과 화합을 보다 더 염두에 두면서 의사결정을 한다. 미국의 경우, 여성기업은 남성기업보다 덜 위계적 조직구조를 갖고 있으며 직위서열이 상대적으로 길지 않다고 한다. 이것은 여성기업의 영세성과 기업의 업력이 짧은 데 기인할 수 있다. 우리나라의 경우, 경영자가 종업원 개개인에 대한 세심한 배려는 있으나 업무의 구체적인 부분까지 세밀히 지시 감독함으로써 권한과 책임을 위임하지는 않는다고 한다. 이러한 특성은 기업규모가 작을 때에는 긍정적인 요인으로 작용하나 기업규모가 커짐에 따라 부정적인 요인이 된다. 그러므로 이러한 경영특성은 여성적인 특성 때문이기보다는 관리자로서의 경험이 짧은 것이 보다 정확한 이유로 판단된다.

## 3-3 성장 대 안정지향

여성기업인은 기업활동에서 성장보다는 안정을 지향하는 경향이 있다. 여성기업인은 독립성, 자기통제성, 일을 잘 수행하는 것을 성공으로 보는 반면에 남성기업인은 성취 및 목표 달성에 더 큰 의미를 두고 있다. 즉, 여성기업인의 경우 기업경영의 과정적인 측면에 더 의미를 둔다면 남성기업인의 경우 기업경영의 수단적인 측면에 더 의미를 둔다고 해석할 수 있다. 남성기업인이 여성기업인보다 안정보다 성장을 더 우선시하는 경영행태는 이러한 성공에 대한 남녀차이에서 도출된 결과로 추론할 수 있다.

## 4 여성기업의 경영환경

### 4-1 경영관리문제

일반적인 경영관리와 관련하여 경영 경험의 부족, 인력채용 및 종업원관리, 권한분산, 가사일과 사업 간의 균형 등에 있어 여성기업인이 남성기업인보다 대체로 더 많은 문제를 겪고 있는 것으로 나타났다. 또 다른 애로사항으로는 종업원 채용을 포함한 조직관리와 가사일의 병행으로 인한 가정과 사업 간의 역할 갈등을 겪고 있다고 하였다.

우리나라의 경우 여성기업인들이 경영상의 어려움을 가장 많이 느끼고 있는 부분은 판매처 확보 등 마케팅 관리부분으로 전체 여성기업인 중 64.1%가 마케팅관리에서 경영상의 어려움을 느끼는 것으로 조사되었다. 거래기업과의 마찰로 인하여 어려움을 느낀다고 응답한 비율(58.3%)이 두 번째로 높았으며, 인사관리(47.8%) 및 자금조달(44.3%)이 어렵다고 응답한 비율이 애로사항 중 높은 비율로 조사되었다(여성경제인연합회, 2001).

미국은 SBDC(Small Business Development Center, 중소기업지원센터), SBA (Small Business Administration, 중소기업청), 대학의 SBI(Small Business Institute, 중소기업연구소)에서 여성기업을 포함한 중소기업을 대상으로 경영상의 애로사항을 지원하기 위하여 경영컨설팅 프로그램을 제공하고 있다. 이러한 컨설팅 프로그램들은 고객만족, 프로그램의 명성, 전반적인 컨설팅효과, 기업성과 등으로 평가된다.

### 4-2 자금조달문제

자금과 관련해서는 자금 확보와 담보부족이 주요 애로사항으로 나타나고 있다. 이는 경영성과와도 밀접한 관련이 있다. 자금조달의 경우 금융기관에 대한 의존도가 높은 중소기업 대부분이 겪고 있는 공통적인 문제이지만, 여성기업인들은 남성기업인에 비해 대출신청 시 금융기관으로부터 비호의적이고 불신하는 편견과 태도, 그리고 거래 시 추가담보, 배우자의 서명 등의 불리한 조건을 제시받고 있다. 이러한 이유에 대해서는 여성기업인이 남성기업인에 비해 성공적인 기업가적 자질이 부족한 것으로 인식함으로써 경영위험이 높다고 생각하는 것이다.

자금조달에서의 성별차이는 창업 시 창업비용의 증가를 초래하여 창업 장애요인이 되는 것은 물론 여성기업의 성장과 생존을 저해하는 주요 요인으로 작용하게 된다. 반면에 여성기업인이 대출신청 시 차별적인 대우를 받지 않는다는 주장도 제기되고 있다. 그들의 주장에 의하면, 대출결정에 있어 가장 중요한 영향요인은 사업계획서이지 성적인 차별문제는 아니라는 것이다. 이들은 여성기업인이 남성기업인에 비해 추가적인 담보요구(연대보증)를 받고, 높은 이자율이 적용되며, 대출금액이 작은 이유로 여성기업이 업력이 짧고, 규모도 영세하며, 금융기관과의 관계도 적기 때문인 것으로 분석하였다.

## 4-3 여성기업의 경영성과

여성기업의 경영성과에 대해 과거의 연구결과들에서는 대체로 여성기업은 남성기업에 비해 기업규모가 작고, 수익성과 성장성이 낮은 것으로 평가되고 있다. 재무적 성과가 낮고, 성장성이 둔한 이유에 대해 여성기업인이 경제적 목표보다는 사회적인 목표가 강하고, 비성장전략을 추구하며 또한 여성기업은 성장성이 낮은 서비스업이나 소매업종에 집중되어 있다는 것이다. 한편, 여성기업이 서비스관련 업종에 집중되는 것은 대학에서의 전공분야가 주로 인문분야이고 서비스관련 업종에서의 사회적 경력 때문인 것으로 나타나고 있다.

그러나 최근의 남녀기업의 경영성과에 대한 비교분석에서는 생존율과 성장성(이익증가율)에 있어 성별구분에 의한 차이를 보이고 있지 않으며, 또 다른 연구는 여성기업이 직면하고 있는 장애요인들(사회적 관념, 가족역할, 네트워크 부족 등)과 경영자의 사회경험, 도전정신, 사업경험 등이 경영성과에 영향을 미칠 수 있다고 한다.

# 7장

# e-비즈니스

1. e-비즈니스란?
2. e-비즈니스의 특성 및 유형
3. e-비즈니스의 창업절차
4. e-비즈니스의 장단점
5. e-비즈니스의 사업전략
6. e-비즈니스의 활성화 방안
7. e-비즈니스 패러다임의 변화

# 7장 e-비즈니스

## 1 e-비즈니스란?

국내 e-비즈니스는 짧은 역사를 가지고 있음에도 불구하고 매우 많은 변화가 있었다. 이러한 변화 속에서도 다양한 비즈니스 모델이 국내에 등장하게 된 배경에는 장기적인 경기침체와 생존할 수 있는 새로운 수익원천을 탐색하여 새로운 형태의 e-비즈니스를 창출하고자 하는 노력이 숨어 있기 때문이다. 비즈니스 모델의 선택은 기업의 성패를 좌우하는 중요한 의사결정이다.

e-비즈니스에 대한 문헌적 정의는 다양하며 아직까지 명확하게 정립된 정의는 없다. 그러나 보편적으로 인터넷을 이용하여 다양한 상품 및 서비스를 제공하고 그에 대한 보상을 받는 모든 거래행위로 정의하며 일반적으로 ① 거래에 관여한 당사자들과 각각의 역할을 포함해 상품, 서비스 및 정보의 흐름을 표현한 아키텍처, ② 거래에 참가하는 당사자들에게 주어지는 잠재적 이익과 ③ 수입원에 대한 정확한 표현이 있어야 한다. e-비즈니스의 초기에는 비즈니스 모델을 정의하려는 목적이 해당 비즈니스 모델의 기술적 구현가능성과 사업타당성을 평가해 보기 위한 것이었다. 최근에는 다양한 비즈니스 모델이 출현함에 따라 이러한 모델들을 이용하여 기업 간 전략적 제휴나 기업의 인수 · 합병을 위한 분석자료로 사용하고 있다. 이러한 현상은 e-비즈니스 모델이 보다 복잡해지고 있으며 비즈니스 모델을 기초로 이루어지는 기업 간의 연계가 중요한 경영수단으로 이용되고 있음을 시사한다.

비즈니스 모델이 새롭게 변화되고 생성되는 원인은 인터넷사업에 뒤늦게 참여하려는 전통기업들로부터 순수한 인터넷기업에 이르기까지 개별 기업의 니즈가 매우 광범위한 스펙트럼을 띠고 있기 때문이다. 특히, 전통기업이 온라인사업에 진출을 모색하면서 다양한 비즈니스 모델과 새로운 전략적 제휴형태가 나타나게 되었고 온라인과 오프라인 상호 간의 장점을 결합하기 위한 기술의 발전도 크게 진화하게 되었다.

## 2 e-비즈니스의 특성 및 유형

### 2-1 e-비즈니스의 특성

e-비즈니스는 전통적인 상거래와는 달리 시간적 · 공간적 제한을 극복한 새로운 형태의 사업기회를 제공함으로써 인터넷을 이용한 전자상거래가 차세대 비즈니스로 인식되고 있다.

#### (1) 시장영역

전 세계 네티즌을 대상으로 거래활동이 이루어지기 때문에 국내는 물론 해외의 다양한 문화적 · 지리적 특성을 지닌 고객에게 24시간 접근이 가능하다.

#### (2) 유통채널

기존의 유통경로와는 달리 유통단계가 축소되어 도매상이나 소매상을 거치지 않고 고객과 직거래가 이루어질 수 있기 때문에 유통비용이 감소되어 보다 싼 가격으로 고객서비스를 제공할 수 있다.

### (3) 마케팅활동

고객과 기업 간에 양방향의 정보교환이 가능하기 때문에 고객만족을 위한 마케팅활동이 가능하며 개개인의 맞춤서비스를 제공할 수 있다.

### (4) 무점포

사이버공간을 이용한 사업의 특성을 가지고 있기 때문에 기존의 점포를 이용한 비용(임대료 및 부대비용)에 비하면 상대적으로 e-비즈니스 창업을 위한 비용(하드웨어 및 시스템 운영을 위한 기본 소프트웨어)이 저렴하다.

## 2-2 e-비즈니스의 유형

### (1) 기업과 고객 간의 거래

기업과 고객 간의 거래(Business-to-Consumer: B2C 또는 C2B)는 기업이 고객에게 제품 및 서비스를 제공하거나 반대로 고객이 기업에게 제품 및 서비스를 주문하는 수단으로 거래가 이루어지는 형태를 말한다. 그 예를 살펴보면 다음과 같다.

- 홈쇼핑(상품의 주문)
- 홈뱅킹(대금결제, 이체, 계좌관리, 증권거래)
- 교육, 방송, 오락
- 온라인 티켓 예약
- 여행 및 서비스 예약

### (2) 기업과 기업 간 거래

기업 간 거래(Business-to-Business: B2B)는 기업 간에 상품, 원재료, 부품 등의 거래활동이 이루어지는 형태이다. 이러한 거래활동에 EDI(Electronic Data

Interchange, 전자자료교환)나 전자우편 등이 이용되며 그 예를 살펴보면 다음과 같다.

- 완제품, 원재료, 부품의 구매 및 판매
- 기업과 금융기관 또는 금융기관 간에 전자자금이체
- 기업과 기업 간의 문서발주

#### (3) 기업과 정부 간의 거래

기업과 정부 간의 거래(Business-to-Government: B2G)는 기업과 정부기관 간의 거래형태이다. 즉, 공공물자 또는 행정물품의 조달, 세금의 부과 및 납부, 정부 공문서의 발급 등이 인터넷을 통해 이루어진다.

## 3 e-비즈니스의 창업절차

### 3-1 e-비즈니스 사업계획

#### (1) 사업 아이템의 선정

어떤 창업을 하는 경우에도 창업 아이템의 선정이 중요하듯이 e-비즈니스 창업도 인터넷을 이용한 사업환경에 적합한 아이템의 선정이 성공의 중요한 조건이 된다. 오프라인에서의 창업과는 달리 자본이나 시설투자보다는 수요를 창출할 수 있는 아이디어와 기업가정신이 성패를 좌우할 수 있다.

#### (2) 사업성분석

사업의 규모가 크고 작은 모든 사업을 시작하는 첫 단계는 사업성분석이다. 사업성분석은 목표고객에 대한 분석과 시장규모 및 가능성을 진단함으로써 구체적인 사업계획서 작성을 위한 사전분석이라고 볼 수 있다. 즉, e-비즈니스 창업을 위한 사업성분석의 주요 내용은 누가 주요 고객이고, 현재 시장규모는 얼마이며, 판매가능성 및 잠재수익성은 있는지를 검토하는 것이다.

#### (3) 경쟁력분석

창업하고자 하는 아이템과 관련하여 경쟁관계에 있는 사이버몰이 있는지를 검토해야 한다. 경쟁 사이버몰이 있을 경우, SWOT 분석에 의한 강점과 약점, 기회와 위협요인을 고려하여 적절한 경쟁우위전략을 도출할 수 있을 것이다.

#### (4) 사업계획서 작성

사업계획서에는 e-비즈니스 창업을 구체적으로 추진하기 위한 의지를 체계적으로 기술해야 한다. 사업 아이템의 특성에 따라 다소 차이가 있기는 하지만 창업팀, 아이템 소개, 마케팅전략, 추정재무제표, 향후 발전계획 등이 포함된다.

### 3-2 e-비즈니스 시스템 구성

#### (1) 네트워크

e-비즈니스 실행에서 요구되는 인터넷 회선, 네트워크 장비, 웹 서버, 홈페이지 등을 구비해야 한다. 창업 아이템의 특성에 따른 네트워크 장비의 선정과 설치는 전문가를 통한 최적의 선택이 필요하다.

#### (2) 하드웨어

e-비즈니스를 실행하기 위한 하드웨어는 서버 컴퓨터와 시스템 운영지원장비가 있다. 서버 컴퓨터는 창업하고자 하는 e-비즈니스 모델에 적합한 성능을 고려하여 구매, 임대, 리스, 위탁관리방법 등을 선택할 수 있다. 시스템 운영지원장비는 하드웨어가 원활히 작동하도록 지원하는 장비를 말한다.

### (3) 소프트웨어

e-비즈니스의 실행을 관리하는 데 필요한 소프트웨어를 설치함으로써 시스템이 가동된다. 이에 관련된 소프트웨어는 운영체제(Operating System: OS), 웹 애플리케이션 서버(web application server), 유틸리티 프로그램(utility program) 등이 있다. OS는 하드웨어 및 소프트웨어의 효율적인 운영과 통제를 담당하며, 웹 애플리케이션 서버는 인터넷 기반의 정보시스템 구현을 위해 필요한 소프트웨어이고, 유틸리티 프로그램은 사용자들의 편의성을 제공하기 위한 프로그램이다.

### (4) 기타 필요 시스템

그 밖의 e-비즈니스의 실행을 위해 필요한 시스템으로는 자료와 정보의 보안을 위한 보안시스템, 네트워크 환경에서 이용되는 전자결제시스템 등이 있다.

## 3-3 e-비즈니스 운영

### (1) 결제방법

e-비즈니스 창업을 하는 경우에 가장 문제시될 수 있는 부분이 결제시스템이다. 결제방법으로 무통장입금방식, 신용카드결제, 계좌이체, 배달 후 직접수금, 전자지불결제 등이 있다. 신용카드를 이용한 결제는 규모가 큰 일부 회사를 제외하고는 실행하는 곳이 드물다. 일정규모 이상이 아니면 신용카드회사에서 계약을 해주지 않으며 또한 이용자들이 개인정보 누출로 인하여 이용을 꺼리는 경향이 있다. 전자지불결제방법은 신용카드결제방법의 문제점을 보완한 것으로서 결제수단(신용카드, 통장계좌)에 대한 정보를 입력한 후 해당 금융기관에 결제승인을 요청하는 시스템이다.

### (2) 택배방법

물품의 배송방법은 우체국을 이용한 우편배송과 전문택배회사를 이용하는 방법이 있다. 가볍고 물량이 적은 경우에는 우편배송을 이용하고, 배송물량이 많거나 무거운 경우에는 전문택배회사를 이용하는 것이 효율적이다.

### (3) 반품 및 재고관리

고객으로부터 반품이나 환불 요청은 장기적 고객 확보 차원에서 전략적으로 이용해야 한다. 일시적인 비용 상승의 문제가 발생할 수 있지만, 장기적 차원에서 고객만족의 기회로 이용하여 단골고객 확보로 이어질 수 있다. 또한 고객과의 신뢰를 유지하기 위한 재고관리가 이루어져야 한다. 고객에게 재고 유무, 주문대기시간, 취소, 환불처리사항 등에 대한 서비스가 실시간으로 제공될 수 있어야 한다.

## 4 e-비즈니스의 장단점

### 4-1 e-비즈니스의 장점

- 제품이나 서비스를 시간(24시간)과 공간(world wide)의 제약 없이 거래가 가능하다.
- 소비자는 다양한 제품이나 서비스를 비교할 수 있어 양질의 제품을 저가에 구입할 수 있으며, 기업은 관리비용(유통비, 인건비)을 절감할 수 있다.
- 판매점포나 입지조건에 대한 제약을 받지 않으며 건물임대료와 부대비용을 최소화할 수 있다.
- 제품이나 서비스의 대금결제가 네트워크상에서 처리되므로 소비자는 간편하게 처리할 수 있으며 기업은 대금결제과정의 일원화로 간접비용을 절감할 수 있다.
- 소비자와 고객 간에 양방향 의사소통이 가능하므로 고객만족(소비자)과 광

고(기업)가 일대일로 원활하게 이루어질 수 있다.

### 4-2 e-비즈니스의 단점

- 제품이나 서비스의 대금을 전자지불시스템에 의해서 결제할 경우 개인정보의 누출로 인한 피해가 발생할 수 있다.
- 국가 간의 거래로 인한 관세 등의 법적 조치가 미흡하다.
- 반품이나 교환에 대한 분쟁이 발생할 수 있다.
- 제품 · 서비스의 판매가 인터넷 이용자들을 중심으로 편중될 가능성이 있다.

## 5 e-비즈니스의 사업전략

### 5-1 마케팅전략

e-비즈니스 마케팅전략은 전통적 마케팅전략과 비교했을 때 마케팅수단과 접근방식의 변화라고 볼 수 있다. 즉, 전통적인 마케팅전략의 4P(Price, Product, Promotion, Place)에 4A(Any way, Any product, Any time, Any where)를 추가하여 효율적인 마케팅활동을 수행할 수 있는 전략을 수립해야 한다.

### 5-2 기술전략

e-비즈니스 시스템을 구성하는 요소인 네트워크, 하드웨어, 소프트웨어, 기타 필요 시스템을 어떻게 구성할 것인가 하는 문제이다. 효율적인 e-비즈니스를 실행하기 위해서 최적의 대안을 선택할 수 있도록 해야 한다.

### 5-3 투자전략

안정된 투자와 e-비즈니스의 수익성은 불가분의 관계를 가지고 있다. 따라서 자금조달 원천인 정부의 벤처지원자금, 엔젤, 금융기관 대출, 벤처캐피털 등의 투자자원 마련을 위한 창업 준비과정에서 창업 후까지 구체적인 전략수립이 필요하다.

### 5-4 운영전략

e-비즈니스 실행을 위한 좁은 의미의 운영은 자금, 종업원, 하드웨어 및 소프트웨어, 홍보 및 광고 등을 고려할 수 있으며 넓은 의미로는 e-비즈니스 시스템, 고객서비스, 조직구성원, 자금조달, 외부환경(경쟁업체, 기술변화, 정부정책, 금융환경) 등을 종합적으로 고려한 계획을 말한다.

## 6 e-비즈니스의 활성화 방안

### 6-1 기업 측면의 활성화 방안

#### (1) 인터넷 마케팅의 강화

현재 국내의 전자상거래시장에서 가장 시급한 부분이 전자상거래환경에 맞는 마케팅전략의 구사이다. 우선 마케팅의 대상이 되는 네티즌의 구매특성에 대한 파악이 우선되어야 할 것이다. 그리고 기존의 매장에서는 불가능하지만 사이버 공간이라는 독특한 특성 때문에 가능한 마케팅전략을 구사해야 한다. 인터넷 쇼핑몰만에서 특히 강점을 보일 수 있는 마케팅전략에는 공동구매, 각종 이벤트 개최, 회원공유 등이 있다.

### (2) 데이터베이스 마케팅의 활성화

인터넷 쇼핑몰을 통한 상거래의 가장 큰 장점은 데이터베이스 마케팅을 할 수 있다는 것이다. 기존의 상점에서 데이터베이스를 기반으로 마케팅을 하는 경우에는 고객을 대상으로 일일이 정보를 수집해야 하며 이를 다시 데이터베이스화하는 노력을 필요로 한다. 하지만 인터넷 쇼핑몰의 경우 회원정보를 온라인상에서 받기 때문에 부가적인 작업이 필요 없다. 이러한 개인적인 기록과 고객이 상품을 거래할 때마다 쌓이는 거래기록(transaction record), 그리고 인터넷 쇼핑몰 상에서의 이동행태를 기록한 파일을 바탕으로 개개인에게 특화된 일대일 마케팅의 개념을 실현할 수 있는 것이다.

### (3) 다양한 상품과 상품 콘텐츠의 제공

현재 국내 전자상거래시장에서 흔히 '몰앤몰스(Mall & Malls)'로 대표되는 종합쇼핑몰이 고전을 면치 못하고 있다. 종합쇼핑몰은 생산자 측면에서는 자체적인 서버를 보유하지 않고서도 인터넷상으로 판매 및 마케팅을 할 수 있다는 장점이 있고, 소비자의 측면에서는 다양한 상품을 한꺼번에 구매할 수 있다는 장점이 있는 인터넷 쇼핑몰이다.

하지만 현재 국내에서는 종합쇼핑몰이 단일쇼핑몰에 비하여 고전을 면치 못하고 있는데, 이는 입점업체들의 상품이 충분치 못하기 때문에 시너지효과를 내지 못하고 있는 것이 하나의 원인이다. 고객이 원하는 상품이 없을 경우에 고객은 수많은 상품을 진열할 수 있다는 인터넷 쇼핑몰의 장점을 전혀 누릴 수 없을 것이다. 또한 상품에 대한 콘텐츠도 충분히 제공해 주어야 한다. 제품의 다양한 이미지는 물론이고 제품의 기능과 모양 등에 대한 상세한 설명이 제공되어야 한다.

### (4) 쉬운 사용자 인터페이스 구축

기술적으로 화려하게 쇼핑몰을 꾸며놓았더라도 상품이 어디에 있는지 쉽게 찾을 수 없다면 디자인이 훌륭하다고 할 수 없을 것이다. 너무 의욕을 앞세워 상품

정보 및 각종 정보를 찾기 힘들게 하는 것보다는 소비자가 정보를 일목요연하게 찾을 수 있도록 전체 화면을 구성해야 한다. 전문적인 디자인 기반 위에 담겨진 충실한 내용은 상점에 대한 신뢰도로 이어지고 이러한 신뢰도는 바로 판매율 증진으로 이어지는 것이다.

### (5) 멀티미디어 콘텐츠의 개발

콘텐츠란 출판, 음반, 영상, 게임 등 모든 정보형태를 포괄하는 정보 내용물과 이를 이용한 전반적인 서비스활동을 통칭한다. 정보화로의 빠른 진전이 계속될수록 콘텐츠에 대한 관심이 높아지고 있다.

국내의 경우 가장 시급한 과제는 기존에 우리가 가지고 있는 소스들을 콘텐츠화하고 새로운 콘텐츠를 개발하는 일이다. 기존에 가지고 있는 영상자료, 출판자료 및 국가적인 문화자료들을 빨리 콘텐츠화하고 이러한 디지털 소스들을 공동으로 활용할 수 있는 체제로 전환해야 한다. 그리고 새로운 영상물의 창출과 이러한 영상물을 콘텐츠로 이어가는 지속적인 노력이 필요할 것이다. 또한 콘텐츠 제공자에 대한 보호조치가 필요하다.

### (6) 브랜드 인지도 확립

브랜드의 이미지는 하루아침에 만들어지는 것은 아니다. 하지만 좋은 브랜드 이미지를 만든다면 전자상거래시장에서 사업을 성장시킬 수 있는 발판을 마련한 것이다. 사이버공간에서 한번 만들어진 나쁜 이미지를 다시 만회하는 것은 정말 어려운 일임을 명심해야 한다. 지속적으로 품질관리와 서비스개선에 신경을 써야 한다.

### (7) 새로운 비즈니스 모델의 개발

우리나라 전자상거래시장의 진입장벽이 낮은 것은 사실이지만 기존에 있는 비즈니스 모델을 가지고 진입하는 경우에는 기존의 비슷한 유형을 가진 인터넷 쇼핑몰을 앞지르기 쉽지 않다. 네티즌은 특별한 요소가 없는 한 자주 가던 사이트를 바꾸지 않는 특성을 가지고 있기 때문이다. 따라서 새로운 비즈니스 모델을 개발해야 한다.

전자상거래시장은 진입과 퇴출이 자유로운 시장이다. 하지만 아직 성숙되지 않은 국내상황을 고려할 때 성공하기 힘든 시장이기도 하다. 남들이 시작하지 않은 새로운 아이템, 새로운 비즈니스 모델을 만들어서 남보다 먼저 행하는 것이 이 시장에서 성공할 수 있는 비결이다.

### (8) 보안문제의 해결

지속적인 관심을 가져야 할 보안에는 크게 두 가지 측면이 있다. 첫 번째가 외부의 침입자로부터 서버 및 데이터베이스를 보호해야 하는 것이다. 두 번째로는 인터넷상에서 송수신되는 소비자의 신용정보 및 지불정보를 안전하게 보호하는 것이다. 그리고 소비자를 대상으로 전자상거래의 안전성에 대해 적극 홍보해야 한다. 전자상거래업체에서는 지속적으로 보안에 투자하는 동시에 소비자들의 보안에 관련된 잘못된 인식을 개선함으로써 전자상거래를 활성화시켜야 할 것이다.

### (9) 효율적인 물류시스템 구축지원

국내 쇼핑몰 중에서 기존에 물류망을 가지고 있던 큰 유통업체를 제외하고는 자체적으로 물류시스템을 구축하고 있는 업체는 드물다. 자체 물류시스템을 구축할 만한 수요가 되지 않기 때문이다. 대부분 택배서비스, 퀵서비스 등 기존의 물류서비스를 이용하고 있지만 그 비용이 만만치 않아서 부담으로 작용하고 있다.

따라서 자체 물류망을 보유하지 못하는 인터넷 쇼핑몰들이 공동으로 물류시스템을 구축하는 방안을 고려해 볼 수 있다. 이러한 물류시스템을 구축하는 데 있어서 중요한 것은 정보시스템을 충분히 활용해야 한다는 점이다. 물류시스템에서의 정보시스템 활용은 미국의 선진 배송업체의 사례에서 잘 나타나 있다.

DHL, FedEx, UPS 등 미국의 배송업체들은 배송시스템과 정보시스템을 효율적으로 연결하여 소비자에 대한 서비스 질을 높일 뿐만 아니라 비용도 절감하고 있다. 국내에서도 인터넷 쇼핑몰 사이에 상품주문 및 배송처리를 전자적으로 연계처리할 수 있는 공용 정보인프라를 구축해야 한다.

이러한 공동물류관리의 핵심은 물류활동에 참여하는 주체 간 파트너십의 형성과 정보의 공유에 있으며, 특히 '신속대응체계(Quick Response: QR)', '효율적 소비자대응체계(Efficient Consumer Response: ECR)' 등을 활용하여 제조업체와 유통업체 간의 공동 물류체계의 구축이 필요하다.

### (10) 가상공동체 형성에 주력

가상공동체의 형성은 인터넷 쇼핑몰과 고객을 동시에 만족시킬 수 있는 전략이다. 가상공동체는 특정한 주제에 관심을 가진 사람들이 만나는 사이버공간을 의미한다. 예를 들어 컴퓨터를 파는 인터넷 쇼핑몰이 컴퓨터에 관련된 각종 글을 올릴 수 있고, 관련된 자료를 공유할 수 있는 사이버공간을 만든다면 단지 컴퓨터를 사러 오는 사람뿐만 아니라 컴퓨터에 관심 있고 관련된 정보를 얻기 원하는 사람들이 이 인터넷 쇼핑몰을 방문하게 된다. 급속히 업그레이드되고 있는 컴퓨터의 특성상 이들은 당장은 아니더라도 가까운 장래에 고객이 될 수 있는 가능성이 있는 사람들이고 이왕이면 많은 정보를 얻었던 인터넷 쇼핑몰을 선호하게 될 것이다. 물론 초기에는 인터넷 쇼핑몰에서 적극적으로 관련정보를 올려야 할 것이다. 하지만 어느 정도 성숙이 되면 이 가상공동체에 찾아오는 회원들의 정보만으로도 가상공동체가 충분히 지속될 수 있을 것이다. 가상공동체의 참가자는 일반 소비자와는 달리 그 분야에 대하여 충분히 구매의사가 있는 특화된 계층이라는 점을 명심해야 할 것이다.

## 6-2 정부의 활성화 방안

### (1) 고속통신망의 구현

실제 전자상거래가 빠르게 확산되기 위해서는 현재 학교나 직장에서는 물론이고 가정에서도 인터넷의 접속이 쉽고 빨라야 한다. 하지만 갈수록 인터넷의 사용자가 증가하고 있고 데이터 전송량이 늘어나고 있기 때문에 인터넷 접속환경은 갈수록 열악해지고 있으며 이러한 문제는 초고속정보통신망이 구축되는 2010년까지 지속될 것이다.

이를 해결할 수 있는 첫 번째 방법은 전화망에 의한 비대칭 디지털 가입자 회선(Asynchronous Digital Subscriber Line: ADSL)기술을 이용하는 방법이다. 이 기술을 이용하면 기존의 전화선을 가지고도 8Mbps에 가까운 속도를 낼 수 있는 장점이 있다. 다만 ADSL기술의 경우 거리가 먼 경우(5km 이상)에 적용되지 못하는 단점이 있는데 지속적인 기술개발을 통하여 이러한 점을 개선시켜야 할 것이며, 지속적으로 설치비 및 사용료를 낮추는 노력을 시도해야 할 것이다.

두 번째 방법은 가정과 아파트단지에 공급되어 있는 케이블망을 활용하는 것이다. 케이블망을 이용할 경우에는 이론상 10Mbps에 이르는 고속전송이 가능하다. 케이블망을 통한 인터넷의 접속은 케이블TV에 가입을 유발하는 효과도 가져와 현재 활성화되지 못하고 있는 케이블TV시장을 활성화하는 데도 한몫할 것이다. 또 케이블망은 한 방향으로만 빠른 전송이 가능한 ADSL과는 달리 양방향 고속전송이 가능하기 때문에 VOD, 영상회의, 원격의료 등에 사용될 수 있다. 지속적인 가입자 확보와 기술개발을 통하여 사용료를 낮추는 것이 과제라고 볼 수 있다.

또한 위성망과 무선망(Wireless Local Loop: WLL)도 차세대 인터넷망으로 각광을 받고 있다. 위성망의 경우에는 지역적 한계가 없이 광범위한 서비스가 가능하고 가입자가 증가해도 전용회선과는 달리 속도가 저하되지 않는 장점이 있다. 무선망의 경우에는 기존 전화망에 비해 신속한 설치가 가능하고, 유지보수비용이 저렴하다는 장점과 함께 음성 및 고속 데이터를 동시에 제공하는 장점이 있다.

### (2) 관련 법, 제도의 정비

전자상거래가 활성화되기 위해서는 소비자보호를 위한 법, 지식재산에 관련된 법, 정보보호에 관련된 법 등 전자상거래에 관련된 법제도의 정비가 필수적이다. 이는 상거래 당사자 간의 신뢰구축과 분쟁방지를 위해서 꼭 필요한 부분이다.

우선 전자상거래에서의 소비자보호를 위해서는 「방문판매 등에 관한 법률」을 개정하여 통신판매로 인한 소비자 피해를 예방하고 일정기간 내에는 소비자의 무조건적인 청약철회권(cooling-off) 도입을 검토해야 한다. 미국의 경우 사업자의 자발적 환불제도가 정착되어 있고, 일본 · EU의 경우에 무조건적인 청약철회권이 법제화된 것에 주목해야 한다. 또 비대면 거래라는 특성 때문에 생길 수 있는 책임소재 및 피해보상, 분쟁해결절차 등에 대한 제도적 장치를 조속히 마련해야 할 것이다.

지식재산권의 경우에는 세계지식재산권기구(WIPO)의 저작권 조약을 반영하고, 소프트웨어뿐만 아니라 인터넷상 저작권의 권리보호에 대하여 규정하여야 할 것이며, 도메인네임 및 인터넷을 통해 거래되는 산업재산권의 침해 방지 그리고 특허기술 보호를 위한 방안을 마련해야 한다. 미국의 경우에는 1997년에 「전자절도금지법(No Electronic Theft Act)」을 제정하였고, 1998년에 「디지털 밀레니엄 저작권법(Digital Millennium Copyright Act)」을 제정함으로써 지식재산권 보호의 기틀을 마련한 바 있다.

인터넷을 이용한 전자자금이체에 관련된 법의 제정 또한 필수적이다. 현재의 온라인 송금은 소비자가 직접 은행에 가거나 텔레뱅킹을 이용하는 등 한 번의 절차를 더 거쳐야 하는 것이기 때문에 그만큼 전자상거래의 의미가 반감되는 것이라 할 수 있다. 현재 인터넷상으로 은행 간 자금이체, 대출예금 등 은행업무를 볼 수 있는데 이용자의 보호방안, 손해배상책임 등을 포괄적으로 규정하는 전자자금이체법의 규정이 선행되어야 할 것이다. 미국의 경우에는 이미 1978년부터 「연방전자자금이체법(Electronic Funds Transfer Act)」을 제정하였고, 일본의 경우도 「전자화폐법」 제정을 추진하는 등 전자자금이체를 전자상거래의 기본으로 여기고 있다. 또 신용카드의 수수료를 낮추어 신용카드의 사용을 적극 유도하는 정책적인 지원이 필요하다.

전자상거래시장의 공급자와 수요자 및 중개사업자의 적극적인 참여를 촉진하기 위한 규제완화 및 재정지원시책의 제도화 또한 전자상거래 활성화의 기틀이 될 것이다. 사업자 간의 전략적 제휴를 위한 '쇼핑몰협의체'를 구성하여 소비자보호지침 제정 등 민간 자율규제를 유도하는 한편, 도서, 음반, 의료 등 업종별로 소관부처에 대책반을 구성하여 전자상거래에 장애가 되는 규제를 검토하여 개선해야 한다.

전자거래단계별 투자세액 공제, 기술 · 인력개발비 공제, 기술개발준비금의 손금삽입방안 등을 마련하고 전자거래 도입에 따른 세원노출 기피를 완화하고 투명성 제고에 따른 인센티브 부여 차원의 부가가치세 경감을 추진하여 전자상거래업체에 대한 재정을 뒷받침해 주어야 한다. 그리고 제작단계에서부터 전자상거래용으로 설명서를 만드는 업체에 대해서도 재정지원을 해주어서 기업들이 적극적으로 전자상거래용 콘텐츠를 만들도록 해야 할 것이다.

1999년 7월 1일부터 「전자거래기본법」과 「전자서명법」이 시행되었다. 두 법안에서는 전자서명과 인증, 전자거래의 안전과 촉진의 문제 그리고 소비자의 보호까지 광범위한 부분을 다루고 있다. 정부는 법의 시행에 문제가 없도록 만전을 기해야 할 것이며, 지속적으로 관심을 가져서 부족한 부분을 수정 · 보완해 나가야 할 것이다.

### (3) 인증제도의 도입

전자상거래 인증제도의 도입이 필수적이다. 실제로 신용카드번호를 습득한 사람이 그 신용카드번호를 가지고 인터넷 쇼핑몰에서 아무런 거리낌 없이 물건을 구매한 사건이 발생했다. 이는 무대면 거래에서 필수적인 상대방의 확인절차가 없기 때문인데 인증제도는 이러한 무대면 거래의 사기거래가능성을 줄여 줄 것이다.

이를 위해서는 신뢰할 수 있는 인증기관의 설립이 필수적이다. 이러한 인증기관은 인증관리체계를 운영해야 하며 개인정보에 대한 보호도 해야 하기 때문에 이러한 기술력을 갖추고 또 공신력이 있는 기관을 선정하여야 한다. 그리고 전자서명 및 전자문서에 법적 효력을 부여하고 인증서의 내용, 발급, 효력기간 등 인증서의 세부사항에 대한 표준화작업이 뒤따라야 할 것이다. 또 전자상거래의 특성상 해외의 인터넷 쇼핑몰과의 거래가 빈번할 것이므로 이러한 인증서가 국내뿐만 아니라 해외에서도 인정될 수 있도록 외국의 인증기관과의 상호 인정체계를 확립해야 할 것이다.

이러한 기술적인 인증제도 외에도 쇼핑몰 자체의 신뢰도에 대한 인증도 필요하다. 인터넷 쇼핑몰에 대한 평가기준을 제시하고 신뢰성이 높은 업체를 대상으로 하여 인증마크를 붙임으로써 소비자가 안전하게 쇼핑할 수 있는 환경을 조성해야 할 것이다.

### (4) 인터넷 사용자에 대한 홍보 및 교육

인터넷이 인터넷 쇼핑몰과 소비자를 연결하는 길이라면 인터넷으로 들어가는 관문은 컴퓨터이다. 인터넷 사용자 저변 확산의 기저에는 컴퓨터 보급 확산이라는 기본전제가 깔려 있다. 2009년 현재 한국의 가구 인터넷 보급률은 81.2%, 컴퓨터 보급률은 81.4%로 2000년 당시 39.8% 대 71%였던 것에 비해 그 격차가 눈에 띄게 줄어들었다. 이 수치는 PC 기반의 인터넷만을 반영한 것인데 무선인터넷을 포함한 통계는 훨씬 높을 것으로 예상된다(한국인터넷진흥원, 2009).

이와 더불어 인터넷 사용에 대한 국민적인 교육이 필요할 것이다. 특히 인터넷에 관심을 가지고 있으면서도 시간적 · 경제적인 이유로 선뜻 인터넷을 배우지 못하고 있는 주부계층과 노년계층에게 인터넷 무료교육을 실시하여 인터넷 사용을 장려해야 한다.

인터넷에 대한 지속적인 교육, 홍보와 함께 인터넷을 사용할 경우에 매우 편리한 환경을 만들어 준다면 현재 인터넷을 활용하지 못하고 있는 계층이 인터넷을 사용하는 데 큰 역할을 할 것이다.

앞으로 전자상거래가 활성화되기 위해서는 구매력 있는 여성 및 장년계층을 어떻게 사이버공간에 끌어들이느냐가 관건이 될 것이다.

## 7 e-비즈니스 패러다임의 변화

### 7-1 웹의 진화과정

웹(web)은 'World Wide Web'의 약자로서 세계규모의 거미집 또는 거미집 모양의 망이라는 뜻이다. 웹에서는 문자, 그림, 음성, 동화상과 같은 온갖 정보가 웹서버(web server)라고 하는 컴퓨터 내에서 하이퍼텍스트(hypertext) 형식으로 홈페이지(home page) 단위로 관리된다.

하이퍼링크(hyperlink) 기능에 의해 인터넷상에 분산되어 있는 세계 각지의 하이퍼텍스트와 연결된다. 현재 열려 있는 하이퍼텍스트 문서에 잘 모르는 단어가 등장하거나 관련된 정보가 더 필요하면 하이퍼링크에 의해 다른 하이퍼텍스트(홈페이지)를 차례로 불러 읽을 수 있다.

하이퍼텍스트의 작성에는 하이퍼텍스트 생성 언어인 하이퍼텍스트 마크업언어(Hypertext Markup Language: HTML)가 사용된다. 그리고 HTML로 작성되어 웹서버에 저장되어 있는 하이퍼텍스트를 볼 수 있게 하는 응용 소프트웨어가 웹브라우저(web browser)이다.

인터넷 이용자는 웹브라우저를 통해 URL(Uniform Resource Locator)이라고 하는 주소체계를 이용하여 웹서버에 존재하는 웹페이지 내지 하이퍼텍스트를 자신의 컴퓨터인 클라이언트로 불러온다. 이때 사용되는 통신 프로토콜이 하이퍼텍스트 전송규약(HyperText Transfer Protocol: HTTP)이다.

웹브라우저 중 넷스케이프사에서 개발한 넷스케이프 내비게이터(Netscape

Navigator)는 1994년에 등장한 이래 단기간 내에 웹의 이용을 폭발적으로 증가시키고 인터넷을 크게 활성화한 주역으로 평가된다. 그러나 요즘은 마이크로소프트사에서 개발한 인터넷 익스플로러(Internet Explorer)가 보편적으로 사용되고 있다.

이러한 특징을 지닌 웹은 1989년 스위스 제네바에 있는 유럽원자핵공동연구소(CERN)의 팀 버너스 리(Tim Bernars Lee)가 제안한 인터넷의 대표적인 서비스이다. 물론 웹 이전에도 전자우편(e-mail), 파일전송(FTP), 원거리접속(Telnet), 동호인 게시판(Usenet) 등의 다양한 인터넷 서비스가 존재했다.

그러나 전 세계의 컴퓨터들을 TCP/IP(Transmission Control Protocol/Internet Protocol) 통신규약에 따라 상호 연결한 컴퓨터 통신망인 인터넷을 일반인도 폭넓게 이용할 수 있게 된 것은 이와 같이 많은 장점을 지닌 웹의 등장과 함께 1994년 인터넷 상업화가 허용된 이후이다.

## 7-2 웹 2.0 시대

웹 2.0이란 용어는 2004년 미국 오라일리 미디어(O'Reilly Media Inc.) 부사장 데일 도허티(Dale Dougherty)가 "닷컴기업의 거품이 붕괴된 이후 살아남아 거대기업이 된 인터넷기업들의 성공요인을 웹 2.0으로 부르자"고 제안한 데서 유래했다.

웹 2.0의 가장 큰 특징은 개방, 공유, 참여를 바탕으로 하고 있다는 점이다. 또한 사람들이 초기에 기대했던 웹의 잠재력을 점차 실현시켜 나가면서 웹의 역할이 점차로 수많은 사람들의 지성을 한데로 묶는 '집단지성(collective intelligence)'의 구현수단이 되고 있다.

### (1) 단순소비자에서 참여자로의 변화

과거의 인터넷 이용자들은 단순히 웹에서 제품이나 정보를 소비하는 소비자였다. 현재는 네이버 지식iN, 인터넷 백과사전인 위키피디아(Wikipedia), 동영상 공유사이트인 유튜브(YouTube) 등에서 보이듯 단순한 정보의 소비자가 아니라 능동적으로 정보를 창조하는 참여자가 된다.

웹이 일반화됨에 따라 웹사이트 개발자들은 사용자의 참여를 유도하는 여러 기능들을 추가하였고 이를 사용해서 자신이 가지고 있는 정보를 올리는 사람들이 점차 늘어나게 되었다. 이렇게 해서 웹에 올려지는 정보를 사용자 제작 콘텐츠(User Created Contents: UCC)라고 부른다. UCC는 집단지성의 구현을 위한 기반이 되며 다른 사람이 올린 정보에 대한 사용자 평가 내지 판매자－구매자 평가가 이루어지는 피드백 시스템을 통해 정보의 품질관리와 함께 사용자맞춤형 정보검색을 통한 사용자 검증 콘텐츠(User Filtered Contents: UFC)로 발전하고 있다.

웹사이트의 참여 유도를 위해서는 무엇보다 개별 사용자의 지시와 정보를 다른 사람들이 쉽게 훑어보고(browse), 찾아보고(search), 분류하고(categorizing), 걸러내고(filtering), 수정(edit)할 수 있는 플랫폼을 제공해야 한다.

또한 이와 같이 사용자가 정보를 쉽게 올리고 검색할 수 있는 인프라를 갖추는 것 외에 제품이나 정보가 사용자가 참여하기 적합한 종류이어야 하고, 사용자의 참여를 장려하는 물질적 · 심리적 인센티브를 제공해야 하며 수익창출은 사용자의 참여를 저해하지 않는 범위 내에서 이루어져야 한다.

### (2) 개별 제품에서 웹 플랫폼으로의 변화

과거에는 웹에서의 수익 모델은 개별 제품을 판매하는 것이 대부분이었다. 현재는 웹을 일종의 플랫폼으로 사용해서 주문 접수 및 처리 등의 비즈니스 영역에서부터 일상에서 필요한 워드프로세스와 같은 소프트웨어를 제공하는 등의 여러 가지 서비스를 제공하는 것으로 바뀌었다.

웹 플랫폼 모델의 장점은 고객과의 지속적인 접촉과 상호작용을 통해 고객의 니즈를 파악하고 신제품개발에 관한 정보를 얻을 수 있으며 필요하다면 기존제품의 구성을 바꾸는 것 등이 가능해졌다는 것이다. 이때 수익은 다양한 서비스에 대한 사용자의 직접적인 비용지불보다는 고객과의 접촉과 고객의 행동정보를 활용한 간접적이고 부수적인 다른 곳에서 창출하게 된다. 예를 들어 구글의 경우 키워드 검색광고가 수익의 원천이라고 한다면 아마존은 자신들의 '온라인 판매'라는 플랫폼을 이용해서 고객이 아닌 다른 판매자로부터 수익을 창출하고 있다. 아마존의 'zShop' 메뉴에는 많은 개인점포들이 입점해 있다. 이들은 아마존에 입점해서 물건을 판매하고 일정액의 수수료를 지불한다. 이들 개인점포의 거래처리와 관련된 제품검색, 신용카드 지불, 쇼핑카트 등은 아마존의 판매 플랫폼을 사용한다. 즉, 아마존은 이미 갖추어진 판매 플랫폼을 활용해서 추가수익을 얻고 개인점포들은 아마존의 검증된 거래처리시스템을 이용할 수 있을 뿐만 아니라 아마존이라고 하는 유명 쇼핑몰 안에 있기 때문에 고객들로부터 신뢰를 얻을 수 있다.

### (3) 무리에서 끼리로의 변화

과거의 웹에서는 오프라인과 마찬가지로 다수의 사람들이 좋아할 만한 제한된 제품과 서비스를 판매하는 것이 대부분이었다. 현재는 특별한 선호와 취미를 가진 사람들을 엮어주고 그들이 좋아하는 제품과 서비스를 제공하는 것이 중요해지고 있다.

기존의 오프라인 마케팅에서는 "20%의 우량고객(또는 제품)이 전체 매출의 80% 정도를 차지한다"는 파레토법칙(Pareto's law)의 적용에 따라 '선택과 집중'이 마케팅전략의 핵심이었다. 그러나 인터넷의 발달로 상품의 전시가 전자카탈로그 데이터베이스 형태로 이루어지고 판매 유통비용이 크게 줄어들어 10만 개 팔 때와 1만 개를 팔 때의 비용이 크게 차이가 나지 않는다면, 즉 추가제품을 취급하는 데 드는 비용이 별로 늘어나지 않는다면 굳이 선택과 집중을 할 필요가 없다. 하찮은 것들을 포기하기보다는 오히려 하찮은 것들을 모았을 때 중요한 다수가 될 수 있다는 점에서 인간의 다양성에 주목하는 '긴 꼬리 마케팅(long tail marketing)'을 적극 전개할 필요가 있다.

### (4) 거래에서 관계로의 변화

과거에는 고객과 웹사이트의 관계가 일회적 · 경제적인 관계였다. 현재는 점차로 반복적이고 경제적인 것 이외의 것이 중요한 관계의 형태로 바뀌고 있다. 여기서 관계(relationship)란 "상당한 시간에 걸쳐 고객이 그 사이트와 거래하면서 서로 잘 알게 되어 단순한 거래 이상의 어떤 무엇(애착, 참여 등)을 형성하는 것"을 말한다.

온라인상의 관계는 사람과 사람 간의 1 : 1 관계, 사람과 사이트 1 : 1 관계, 사람과 사람 간의 1 : N 또는 N : N 관계 등 종류가 다양하다. 먼저 사람과 사람 간의 1 : 1 관계는 내가 어떤 사람의 블로그에 있는 재미있는 글을 펌하고 스크랩하거나 또는 그 사람의 블로그에 글을 남기는 경우다. 두 번째, 사람과 사이트의 1 : 1 관계는 개인이 자신의 과거 거래기록을 확인하기 위해 아마존이나 인터파크와 같은 온라인 쇼핑몰 사이트를 방문하는 것처럼 특정 목적을 갖고 어떤 사이트를 방문하는 것이다. 세 번째, 사람과 사람 간의 1 : N 또는 N : N 관계는, 예를 들면 네이버의 지식iN 사이트에서 다른 사람의 질문에 대해 올린 답변을 다른 여러 사람들이 보게 된다면 나는 그 개개인이 누구인지는 알 수 없지만 나와 그 사람들 간에 네이버 사이트를 매개로 하여 성립되는 관계를 말한다.

따라서 단순한 제품과 서비스의 판매에 그치는 것이 아니라 다른 사용자가 올린 그 제품과 서비스에 대한 추가정보(사용후기 등)와 그 제품을 구입한 후에 제공되는 맞춤형 서비스 등이 모두 결합된 가치를 제공해야 한다.

### (5) 통제에서 가치로의 변화

과거에는 웹사이트에 어떤 정보를 어떠한 형태로 올리고 사용하는지에 대해서 웹사이트를 관리하는 회사나 조직이 중앙집중적으로 결정하고 통제하였다. 그러나 웹 2.0에서는 개별 사용자들이 자치적 · 자율적으로 정보를 창출 · 선택 · 배열

하는 경우가 늘어나고 있다.

예를 들어 네이버의 지식iN에서는 정보에 대한 평가도 사용자가 하고 아마존이나 인터파크에서는 제품정보의 일부인 사용후기도 사용자에 의해서 이루어지며 위키피디아에서는 항목 분류도 사용자가 직접 한다. 또한 야후는 포털 메인화면을 뉴스, 쇼핑, 인기 콘텐츠 등 자신의 입맛에 따라 이용자 스스로 바꿀 수 있도록 '개인 맞춤형 포털체제'로 전면 개편하였다.

웹을 활용하는 기업이나 기관에서는 사용자가 자치를 위해 어떤 인프라와 기능이 필요한지를 고민하고 계속적으로 실험하면서 개선해 나갈 필요가 있다. 웹 자체가 그렇듯이 자치를 위한 기능은 일정하게 정해진 틀이 없고 계속해서 변화·발전되어 가는 중이다. 따라서 여러 가지 기능에 대해 시행착오를 하면서 맞는 것과 맞지 않는 것을 구분하는 실험과정이 필요하다.

# 8장

# 비즈니스 플랜 (1)
## 개념, 사업계획, 기업현황

1. 비즈니스 플랜의 개념
2. 사업계획 개요
3. 기업현황

# 8장 비즈니스 플랜 (1)
## 개념, 사업계획, 기업현황

## 1 비즈니스 플랜의 개념

### 1-1 비즈니스 플랜이란?

최근 우리 사회는 여러 면으로 많은 변화를 겪고 있다. 그중의 하나가 바로 뜨거운 창업의 열기이다. 불과 얼마 전만 하더라도 일부 과감한 젊은 층에 국한된 것으로 여겨졌던 창업현상이 이제는 전 연령층에 걸쳐 심심치 않게 발견할 수 있게 되었다. 이러한 현상의 이유는 다양하다. 실업률의 증가, 직장관의 변화 등등…. 그러나 가장 중요한 요인을 꼽는다면 다음의 몇 가지를 들 수 있을 것이다. 먼저 단군 이래 최대의 국가 위기였다는 외환위기(소위 IMF사태) 이후 불어닥친 직장에 대한 인식의 변화이다.

엄청난 수의 직장인들이 구조조정에 의해서 하루아침에 직장에서 내몰리거나 명예퇴직이니 조기퇴직 등의 이름 아래 자의 반 타의 반으로 그동안 몸담아왔던 직장에서 자신의 소지품을 챙겨야만 하였다. 그 전만 하더라도 평생직장으로서의 희망을 가지고 임원이나 대표이사의 꿈을 가슴에 품고 직장을 선택하였던 것이 더 이상 효율적인 사고방식이 되지 못하게 된 것이다. 여기에 세계적인 경기불황까지 겹치면서 기존의 직장생활에 대한 회의감 내지는 불안감이 우리 사회에 팽배하게 되었다.

다음은 저금리현상이다. 우리나라의 금융시장의 수급구조는 얼마 전까지만 해도 만성적인 과수요 양상을 보이고 있었다. 즉, 한정된 자금을 사용하고자 하는 사람들이 아주 많았기 때문에 은행 등 금융기관의 문턱은 매우 높았다. 오죽해야 금리불문, 커미션불문, 기간불문의 '3불문'이라는 우스갯소리가 있을 정도였을까? 은행의 예금이자율(금리)은 1998년의 외환위기 직전까지 연 10%를 웃돌았다. 외환위기 때는 은행권의 예금이자율이 연 25%를 넘기도 하였다. 따라서 퇴직자나 연금수령자들은 그들의 퇴직금이나 연금을 은행에 맡겨 놓고는 그 이자를 받아 생활하기에 충분하였다. 그러나 요즘은 어떠한가? 시중은행의 1년 만기 정기예금의 이자율은 연 4% 정도이며, 그나마도 이자소득세를 제외하고 나면 실수령액은 얼마 되지 않는다. 그야말로 격세지감이 드는 현실이다. 이러한 현상은 비단 예금금리에만 국한되는 것이 아니다. 대출금리도 낮아졌기 때문에 사람들은 보다 적은 기회비용으로 새로운 재테크방법을 모색해야 한다.

마지막으로 생활패턴, 즉 라이프스타일의 변화를 꼽을 수 있다. 여성의 사회진출이 늘어나면서 외식산업이 발전한다든지, 주5일 근무제의 정착으로 여가생활을 즐기려는 사회적 분위기가 형성된다든지 하는 등의 변화이다. 한때 증권가에는 주5일 근무제와 관련하여 우스갯소리가 떠돈 적이 있었다. 소위 수혜주가 무엇인가 하는 유머였는데, 사람들이 여가시간이 많아지므로 호텔, 건설업종이나 피임기구 제조업종, 여행, 항공업종 등이 대표적인 수혜주라는 것이다.

근래 들어 인구에 회자되었던 유행어인 '보보족(부르주아(Burgeois)와 보헤미안(Bohemians)의 합성어)'이나 '아나디지족(아날로그(analogue)와 디지털(digital)의 합성어)' 등의 말들도 사람들의 변화된 라이프스타일을 잘 나타내 주고 있다. 아무튼 이러한 이유들로 인하여 창업의 열기가 달아올랐고 아직 사그라지지 않고 있는 것이다. 아니 더욱 거세진다고 할 수 있을 정도이다. 그런데 이런 현상은 필연적으로 비즈니스 플랜에 대한 관심을 가져오게 된다. 비즈니스 플랜은 마치 우리가 낯선 곳으로 여행을 떠날 때 가지고 가는 지도와도 같다. 당신이 미국 서부의 한번도 가본 적이 없는 도시를 자동차를 몰고 찾아간다고 생각해 보라. 만일 도로명과 인근 도시명이 상세하게 인쇄되어 있는 지도를 당신이 가지고 있다면 상상할 수 없을 정도로 안심이 되며, 또한 유용하게 활용할 수 있을 것이다(물론 정확하고 믿을 만한 지도여야만 하겠지만). 마찬가지로 사업을 처음 시작하려는 사람에게는 비즈니스 플랜, 즉 사업계획이 반드시 필요하다. 여행할 때의 지도와 마찬가지로 사업계획서가 없으면 수많은 시행착오를 하게 될 것이며, 이것은 곧 여러분의 소중한 초기 자금(종자돈)의 낭비를 의미하는 것이다.

일반적으로 사업초기의 자금 100만 원은 사업안정기의 자금 1,000만 원과 같다. 아니 그 이상이다. 동서고금의 불후의 명작이라고 불리는 '손자병법'에도 이와 비슷한 의미를 가진 대목이 있다. 즉, 故智將務食於敵, 食敵一鍾 當吾二十鍾(고지장무식어적, 식적일종 당오이십종)의 대목인데 이 말을 직역하자면 지혜로운 장수는 적국에서 식량을 조달하는바, 적국에서 조달하는 식량 1종은 자국에서 조달하는 식량 20종에 해당한다는 의미로서(종이란 중국 고대의 양의 단위임) 사업을 추진할 때는 반드시 운영자금은 시장에서 자급자족할 계획을 세워야 한다는 의미로 많이 인용되고 있다. 결국 이 말은 사업을 처음 시작할 때의 자금조달만으로도 기업은 이미 큰 부담을 지게 되므로, 그 이상의 자금부담은 사업을 추진하면서 시현되는 수익으로 충당하라는 의미인 것이다.

사업계획서는 후술하듯이 기업경영 전반에 걸친 수많은 항목들을 포함하고 있다. 여러분은 사업계획서를 작성해 나가면서 생산부문이나 마케팅부문, 재무부문의 주요 항목들을 되짚어 보게 되고 수없이 많은 도상 훈련을 하게 될 것이다. 때로는 여러분이 더불어 사업을 추진하고자 하였던 사람에 대해서 이제까지와는 다른 시각에서 재평가할 기회를 가지게 될 수도 있다. 그러나 혹시 이러한 과정들이 여러분을 다소 지루하고 짜증나게 할지는 몰라도 결과적으로 여러분의 알토란 같은 창업자금을 확실하게 절약하여 줄 것이다.

### 1-2 비즈니스 플랜의 의의

신규 사업계획과 관련하여 투자, 생산, 판매, 재무 등 제반 경영분야의 추진계획을 정리, 집대성한 보고서이다. 즉, 사업계획 추진 시 기본계획서를 말한다.

### 1-3 비즈니스 플랜의 성격

사업추진 주체가 보유하고 있는 사업 아이디어를 투자, 생산, 판매활동을 통해 구체화해 가는 과정 표현이며, 자체 사업성 평가과정을 통해 사업계획의 성공가능성 확인이 가능하다.

### 1-4 비즈니스 플랜의 용도

사업추진 주체의 사업계획 시행 시 발생 가능한 시행착오를 줄이는 길잡이 역할을 하며, 사업추진 세부계획 작성의 기본 프레임워크 역할을 한다.

- 이해관계자에게 사업계획의 내용 및 성공가능성을 제시하여 호의적 태도(투융자 등) 유도 → 투융자 제안적 성격 강조, 용도에 따라 강조, 초점 차이(수익성, 공공성 등)

### 1-5 비즈니스 플랜의 작성원칙

- **신뢰성**: 객관적 자료에 근거하여 전문가적인 분석과정을 거쳐야 한다.
- **일관성**: 각 부문계획 간 논리적 일관성이 확보되어야 한다.
- **이해가능성**: 투자가, 금융기관 등 이해관계자가 이해할 수 있어야 한다.
- **독창성**: 기존사업, 타 경쟁업체와 구별되는 특징을 부각해야 한다.
- **낙관성**: 적당한 대내외 여건의 낙관은 설득력이 있다.

## 1-6 신설기업과 기존기업의 비즈니스 플랜 차이

기존기업의 경우 실적을 바탕으로 한 현재의 상태를 중심으로 사업계획을 기술하여야 하는 데 비하여 신설기업의 경우 사업계획의 달성가능성에 비중을 두어 사업계획을 기술하도록 한다.

### (1) 기존기업의 사업계획 예

한국가구주식회사는 현재 경기도 수원시에 위치하고 있는데, 300평의 창고와 100평의 전시장 및 50평의 사무공간을 보유하고 있다. 향후의 계획 매출액을 달성하기 위하여 회사는 추가적인 500평의 창고와 300평의 전시장, 그리고 100평의 사무공간을 필요로 하고 있다. 따라서 한국가구주식회사는 제반시설을 증축하고자 한다.

### (2) 신설기업의 사업계획 예

한국가구주식회사는 사업계획을 추진하기 위하여 경기도 수원시에 800평의 창고와 400평의 전시장 및 150평의 사무공간을 마련하고자 한다. 이를 위하여 한국가구주식회사는 장기시설자금을 조달할 계획이다.

## 1-7 비즈니스 플랜의 구성요소

비즈니스 플랜의 형식은 그 용도나 제출처에 따라서 차이가 있다. 예를 들어 기업의 내부보고용으로 작성되는 비즈니스 플랜은 해당 기업의 목적이나 독특한 표현 등이 포함되며 일반적으로 구체적인 실행계획이 포함된다.

한편 기업이 자금조달을 위하여 작성하는 경우는 자금의 종류에 따라서 강조하는 항목이 달라지는데 만일 자금을 은행에서 차입하는 경우라면 현금흐름분석을 통하여 원리금 지급능력을 입증하고자 하는 것이 유리하며, 자본금 증자를 위한 투자자금을 조달하고자 하는 목적이라면 투자수익률이나 내부수익률 등을 강조하여 우수한 투자안이라는 것을 강조하는 것이 유리할 것이다. 은행이나 벤처캐피털 등 우리나라의 금융기관에서는 각사 고유의 양식을 인쇄하여 비치하고 있으므로 이를 이용하면 편리하다.

비록 비즈니스 플랜의 형식은 전술한 바와 같이 상황에 따라 차이를 보이지만, 어떤 비즈니스 플랜이라고 하더라도 아래와 같은 구성요소들이 공통적으로 포함된다.

- 요약
- 사업계획 개요
- 표적시장
- 기업환경
- 원자재수급
- 법적 요건, 보험 등
- 추진스케줄
- 예상소재지
- 기업현황
- 기업명, 설립일, 소재지, 자본금, 대표자, 연혁
- 경영진, 기술진현황
- 기업의 목적: 미션, 비전 등
- 마케팅계획
- 생산계획: 설비, 인원 등
- 재무계획: 신설, 기존, 추정재무제표, 현금흐름표 등
- 기타 중요사항

## 2 사업계획 개요

비즈니스 플랜을 읽는 사람들이 제일 비중 있게 훑어보는 부분이 바로 이 부분이라고 하겠다. 즉, 이 부분은 여러분이 추진하려는 사업의 요약판이므로 짧은 시간 내에 사업의 내용을 파악하고자 하는 경우에는 대부분의 이해관계자들은 이 부분을 제일 먼저 펼칠 것이다.

먼저 여러분이 기술하여야 할 것은 제품이나 서비스를 이용할 표적시장의 규명이다. 경영학에서 정의하는 표적시장이란 먼저 세분화를 통하여 이루어진다. 세분화의 기준은 매우 다양하며 일반적으로는 인구통계학적인 변수를 이용하거나 지역적인 변수를 이용하게 된다. 인구통계학적인 변수로는 성별, 연령, 소득, 학력, 주거환경 등이 대표적이며 경우에 따라서는 거주지역 등도 세분화의 기준으로 이용할 수 있다.

가령 여러분이 계획하는 제품이 전술한 신소재의 목욕용품이라고 한다면 표적시장은 서울 등 대도시에 거주하는 사람으로서 소득수준이 높은 계층이 될 것이다. 왜냐하면 이 제품을 사용하는 계층은 목욕용품의 고급화와 구색 맞춤을 하려는 사람들일 것이고 기존의 면제품에 비하여 가격이 높기 때문에 연소득이 높은 도시 거주자일 가능성이 많기 때문이다.

다음으로 여러분들이 해야 할 일은 기업환경의 분석이다. 유능한 기업의 경영자는 이러한 기업환경의 분석을 지속적으로 행하여 기업에 미치는 영향을 주기적으로 파악한다.

이러한 기업환경은 크게 세 가지로 나누어 볼 수 있다. 즉, '국가적인 동향'과 '산업의 동향' 그리고 '지역적인 동향'이다.

국가적인 동향은 소비자의 구매습관에 지대한 영향을 미친다. 사실 자잘한 변화는 항상 발생하고 있기 마련이지만, 어떤 변화는 당신 기업의 사활에 결정적인 영향을 미치기도 한다. 따라서 여러분은 항상 변화상황을 예의 주시하여야 하는 것이다. 이러한 국가적인 변화는 다음과 같은 것들이 존재한다.

- **인구통계적 변수들의 변화**: 출산율의 급격한 증가나 감소, 평균수명의 증가로 인한 인구의 고령화 등
- **생활패턴의 변화**: 맞벌이부부의 증가, 실업자의 증가 등
- **법률적인 동향**: 환경 관련법안의 강화 등

위에서 열거한 변화들은 여러분의 기업을 둘러싸고 있는 여러 환경동향 중 단지 몇 가지에 불과하다. 따라서 경영자들은 어떠한 변화나 동향이 그들에게 영향을 미치는지를 올바로 판단하여야만 한다.

산업의 동향 또한 매우 중요한 영향을 미치게 된다. 우리는 우리가 속한 산업의 전반적인 매출액이 증가하거나 감소하는 경우를 종종 보게 된다. 이러한 현상의 원인은 기술적인 발전에 의한 것일 수도 있고 산업의 특성에 의한 것일 수도 있다.

예를 들어 최근 경기침체로 인하여 건축경기가 침체되어 있다면 건축자재 판매업자들은 이러한 침체국면이 해소될 때까지 고전을 면치 못할 것이다. 또 다른 예로 자동차정비사업을 계획하고 있는 경우는 최근에 생산되는 자동차일수록 컴퓨터에 의한 제어시스템이 일반화되는 추세에 있으므로 초기 시설자금의 규모가 증가할 뿐만 아니라 운영 기술자의 채용문제도 고려해야 하는 것이다.

한편 기업이 처한 지역사회의 변화도 심각한 영향을 미치게 되며, 경우에 따라서는 이러한 지역적인 변화는 국가적 · 산업적인 변화보다도 직접적인 영향을 당신의 기업에 미치게 된다. 이러한 변화로는 지역사회의 경제나 여러분 기업에 대한 지역사회의 태도, 지역사회 인구의 증가나 감소 등이 해당된다.

다음은 여러분이 제공하는 제품이나 서비스의 원자재에 대한 부분이다. 이 부분은 특히 제조업의 경우에 중요하다. 이를 위하여 먼저 여러분 제품에 소요되는 원자재를 분석하고 그중 중요한 원자재에 대하여 최근의 가격동향과 수급현황, 그리고 구매처 등을 기재한다. 만일 원자재가 수입하는 경우에는 생산자와 수입자를 구분하여 명시한다. 이러한 경우는 '월간물가정보' 등의 자료나 통계청이 발

간하는 '광공업통계조사보고서' 등의 책자가 유용하다.

만일 원자재가격이 계속 상승하고 있다면 그 이유와 조달방안을 기재하여야 한다. 반면 하락하고 있는 경우라도 그 이유를 나름대로 기재하여야 한다. 이러한 가격의 변화는 대개 원자재 공급자시장의 변화나 그것을 필요로 하는 기업(즉, 여러분과 같은 종류의 제품을 생산하는 기업)들의 신규진입이나 철수 등의 변화에 기인한 것이다.

원자재 공급자시장의 변화는 자원의 희소성 등 원자재 자체의 수급변화 및 관련시장의 변화에 따른 것이므로 이에 대한 합리적이고도 현실적인 예측을 통하여 여러분은 안정적인 원자재 조달을 기할 수 있는 것이다. 한편 수요기업의 동향에 의해서 원자재가격이 변화하는 경우는 경쟁적인 원자재 확보방안과 이에 따른 수익성의 변화 측면을 설득력 있게 기술하여야 한다(후술하는 경쟁자분석 참고).

법적 요건은 여러분의 기업이 특히 공해산업인 경우 필요한 항목이다. 예를 들어 여러분이 염색업을 영위하고자 하는 경우 법에 의해서 여러분 공장의 위치 지역이 대도시 주변에서는 허가되지 않는 특성을 절대 잊어서는 안 된다. 또한 이러한 지역적인 위치문제를 해결하였다고 하여도 여러분은 오 · 폐수 처리시설을 반드시 갖추어야 공장 설립 허가를 취득할 수 있는 것이다.

한편 여러분의 공장 건물 및 설비에 대한 보험은 강제사항은 아니나 사업의 안정성을 고려하여 화재보험 등에 가입하는 것이 좋다. 이러한 것을 '부보'한다고 하는데 만일 여러분들이 엔젤투자가나 벤처캐피털로부터 자본투자를 받는 경우는 그렇지 않지만, 공장을 담보로 은행 등 금융기관에서 대출을 받는 경우에는 이러한 부보는 필수사항이 된다.

다음은 추진스케줄이다. 일반적으로 사업계획의 추진스케줄을 어디까지 기재하여야 한다는 원칙이나 기준은 없으며 다만 계획제품의 양산 시까지의 일정을 나타내면 그것으로 족하다. 즉, 사업계획을 추진하기 위한 인력의 충원, 공장건축(또는 구입), 계획제품 프로토콜의 설계 및 제작, 생산설비의 발주 및 설치, 시제품의 생산, 제품양산 등의 주요 프로세스별 일정을 월별이나 분기별로 화살표 형태로 나타낸다. 이때 주의할 점은 추진일정을 너무 빡빡하게 잡으면 곤란하다는 것이다. 각 항목별로 어떤 변수가 발생하여 전체 추진일정의 애로요인(bottle-neck)으로 작용할지 모르므로 여유 있게 일정을 잡는 것이 바람직하다.

기업의 예상 소재지는 제조업의 경우, 일반적으로 본사와 제조공장이 같이 있는 경우가 많지만 반드시 그럴 필요는 없다. 경우에 따라서는 제품의 영업상의 편의를 위하여 영업부를 포함한 본사의 위치를 서울 등 대도시로 하고 생산기지인 공장은 상대적으로 비용이 저렴한 지방에 설립하는 경우도 드물지 않다. 중요한 것은 공장의 위치를 결정함에 있어서 생산직원의 채용이 원활한 지역을 택하여야 한다는 것이다. 단지 토지비용이 저렴하다는 이유로 황량한 들판에 덩그러니 공장 건물만 짓겠다고 하는 것은 누가 보아도 문제 있는 사업계획이 될 것이다. 인력의 조달을 감안한다면 인근에 마을이 위치하거나 중 · 고등학교가 위치한 지역이 바람직하다. 만일 정 그러한 지역을 찾을 수 없다면 당신은 직원의 출 · 퇴근을 위하여 통근버스를 구입하여야 할 것이다.

다음으로 고려하여야 할 것은 공장 가동을 위한 제반 유틸리티의 확보문제이다. 제반 유틸리티란 전기, 수도 등을 말하는 것으로 여러분 공장의 생산설비의 정상 가동에 소요되는 전력의 양이 1,000kw라고 할 때, 그러한 전력의 공급이 예상 소재지에 가능한가를 반드시 고려하여야 한다. 가능하다면 다행이지만 만일 가능하지 않다면 여러분은 별도의 전력공사를 하여 인근의 고압 전류선에서 당신 공장까지 전력을 끌어와 변전설비를 통하여 전력을 조절하여 사용하는 등의 복잡하고 비용이 수반되는 작업을 수행하여야만 한다.

용수의 문제도 마찬가지이다. 당신의 계획제품을 생산하는 데 많은 양의 공업용수가 필요하다면, 용수의 확보문제가 고려되어야 한다. 인근에 충분한 상수도 시설이 위치하고 있다면 다행이지만, 만일 그렇지 않다면 당신은 별도의 지하수 공사를 하여 필요한 용수를 조달하여야 한다.

한편 업종에 따른 위치의 제약도 당해 지역의 행정관청에서 반드시 확인하여야 시행착오를 줄일 수 있다.

## 3 기업현황

일반적인 기업의 프로필을 기술한다고 생각하면 된다. 즉, 기업명과 설립일, 소재지, 대표자 등을 기술하면 된다. 자본금은 법인 등기부등본상에 나타나 있는 발행한 주식의 총수인 납입자본금을 기재하며 발행할 주식의 총수인 수권자본금을 기재하여서는 아니 된다. 연혁을 기재하는 데는 명확한 기준은 없으나 회사 대표자의 변경이나 자본금의 변경, 특허권의 취득이나 중요한 계약의 체결 등을 기재한다.

경영진현황은 원칙적으로 회사의 법인 등기부등본에 나타나 있는 임원(등재임원)들은 모두 기재하여야 한다. 즉, 성명과 직위, 담당직무의 내용 등을 기재한다. 만일 친척 등의 특수관계가 있는 경우는 비고란을 만들어 이러한 내용을 기재한다. 아울러 주식회사의 경우 회사의 주식을 경영진이 보유하고 있는 경우가 많으므로 소유주식의 수와 지분율 등도 별도로 난을 만들어 기재해야 한다.

기술진현황도 경영진과 준하여 작성한다. 이때 주의할 것은 핵심 기술진의 범위이다. 명확한 기준은 없으나 생산총책임자(CTO)와 특허관련 엔지니어 정도면 될 것이다. 다시 말해서 그 사람이 빠질 경우 심각한 생산 차질이 우려된다면 그 사람은 기재대상이다.

기업의 미션이나 목적은 과거의 비즈니스 플랜에서는 중요시하지 않았으나, 최근에는 기업의 존재이유를 보여준다는 점에서 차츰 중요성을 인정받고 있는 개념이다. 미션이란 사업의 목적이나 경영철학을 말한다. 이러한 미션을 작성함으로써 경영자는 기업경영의 주안점을 파악할 수 있다.

'성공하는 기업들의 8가지 습관'과 '좋은 기업을 넘어서 위대한 기업으로'의 저자인 짐 콜린스는 기업의 미션을 핵심 이념이라고 보고 이는 핵심 가치와 핵심

목표로 이루어져 있다고 주장하였다. 이렇게 볼 때, 기업의 미션이란 상황에 따라서 변화하는 것이 아닌, 고유의 가치 내지는 목적이라고 할 수 있다. 예를 들어 세계적인 제약회사인 머크의 미션은 질병 없는 인류사회에의 공헌이며, 소니의 미션은 일본인의 자주성을 드높이는 것이다.

기업의 미션에 대한 기술은 간략하며 함축적이어야 한다. 일반적으로 50개의 단어 이하가 바람직하다고 하며, 어떤 미션을 가지고 있는가가 중요한 것이 아니라 기업의 구성원들 전체가 이해하고 있고 기업의 역사에서 일관되게 이러한 미션이 추진되어 왔는가가 중요하다. 심지어 인류의 공적이라고 지탄받는 담배를 만드는 기업인 필립모리스사도 이러한 미션을 가지고 있다. 참고로 그들의 미션은 흡연할 수 있는 개인의 자유를 위한 기업이다.

이러한 미션은 반드시 영리단체만 가지는 것은 아니며 비영리단체도 가질 수 있다. 가령 미국의 국립야생동물재단(National Wildlife Foundation)은 다음과 같이 그들의 미션을 밝히고 있다. "평화롭고 생명력 있는 미래를 위하여 지구의 환경을 보호하는 한편, 야생의 생물이나 자연자원을 보호하고자 하는 개인이나 단체들을 교육하고 격려하고 도와주는 것." 이러한 미션은 기업의 방향을 제시해 주고 당초 기업목적과는 유리된 영역으로의 사업 전개를 방지하여 주기 때문에 비즈니스 플랜을 전개하는 과정의 첫 번째 단계로 기술되어야 한다.

# 9장

# 비즈니스 플랜 (2)
## 마케팅 · 생산계획

1. 마케팅계획
2. 생산계획

# 9장 비즈니스 플랜 (2) 마케팅 · 생산계획

## 1 마케팅계획

생산된 제품을 소비자와 같은 기업의 외부 요소들을 연결시켜 주는 부문은 오직 마케팅부문뿐이므로 비즈니스 플랜의 마케팅부문에서 기술하여야 하는 요소들은 매우 다양하면서도 중요하다. 일반적으로는 다음과 같은 사항들을 기술하게 된다.

- 계획제품이나 서비스에 대한 설명
- 경쟁환경 분석
- 가격구조의 검토
- 경쟁우위의 설명
- 표적시장의 규명
- 위치선정(판매시설의 경우 상권분석)
- 유통채널
- 제반 촉진계획
- 향후 매출계획

### 1-1 계획제품에 대한 설명

계획제품이나 서비스에 대한 설명은 이미 앞부분에서 전술한 기업의 미션부분에서 언급한 바 있으나 마케팅부문에서의 설명은 그 깊이나 차원이 다르다.

만일 여러분이 유형의 제품을 제조하여 판매하고자 한다면 그 제품의 크기나 모양, 주요 성분, 색깔, 무게, 품질, 포장, 용도, 용법 등 거의 전 부분에 대하여 상세하게 설명하도록 한다. 만일 당신이 무형의 서비스를 제공하고자 한다면 서비스의 내용이나 제공과정, 소요시간, 주문패턴, 사용자에 따른 차별화 여부, 환불여부 등에 대하여 자세하게 기술한다.

예를 들어 건축자재 중 지붕을 만들어 판매하고자 하는 경우를 가정한다면 다음과 같이 기술될 수 있을 것이다. "서울지붕주식회사는 개인이나 빌딩에 고품질의 지붕을 판매하고자 합니다. 아울러 탁월한 서비스는 회사 운영의 중요한 축을 담당하게 될 것입니다. 즉, 서울지붕주식회사는 크레인을 보유하고 있기 때문에 지붕제품을 타 경쟁사들처럼 공사현장에 하역하지 않고 직접 공사 중인 건물 위에까지 올려 드릴 수 있습니다. 또한 모든 영업사원들은 항상 고객의 요청을 들을 자세가 되어 있으므로 어떠한 경우라도 2시간 이내에 고객이 원하는 장소에 도달할 수 있습니다."

## 1-2 경쟁자분석

경쟁자를 분석하는 데 가장 중요한 것은 누구를 경쟁자로 인식하는가이다. 아주 특수한 경우를 제외하고는 모든 기업들은 경쟁자가 있게 마련이며, 이때의 경쟁자는 직접적인 경쟁자뿐만 아니라 간접적인 경쟁자들까지 포함되어야 한다. 여기에서 말하는 직접적인 경쟁자란 여러분과 동일한 제품을 생산하여 판매하는 경쟁자를 의미하는 것이며 간접적인 경쟁자란 여러분 제품 카테고리에 속하는 제품의 생산 · 판매를 하고 있는 경쟁자를 의미한다.

제품의 카테고리란 제품이 속하는 범위를 말하는데, 이러한 카테고리를 어디까지로 할 것인가의 문제는 사업계획의 추진에 있어서 매우 중요하다. 만일 여러분이 계획제품의 카테고리를 넓게 정한다면 특히나 경쟁자나 소비자를 포함한 기업환경의 분석에 있어서 여러 가지의 가능성을 고려하여야 하기 때문에 사업계획을 수립하기가 어렵고 복잡하게 될 것이다. 아울러 이에 대한 조사비용이나 시간투입 등의 사업계획 수립을 위한 여러 비용들도 증가하게 될 것은 자명하다.

반면, 계획제품의 카테고리를 좁게 정한다면 기업환경의 분석이 간단하기 때문에 사업계획의 수립이 용이하게 된다. 이에 대한 비용도 저렴하게 될 것이다. 그러나 잠재적인 소비자나 경쟁자를 간과함으로써 발생하는 심각한 손실을 감수해야 할지도 모른다.

만일 여러분이 피자를 판매하는 이탈리안 레스토랑을 경영하고자 할 때, 이러한 제품 카테고리를 좁게 정하게 되면 여러분은 직접적인 경쟁자로서 여러분 레스토랑 인근의 이탈리안 레스토랑들만을 사업계획 수립 시 고려하게 될 것이며, 제품 카테고리를 넓게 정하는 경우는 이탈리아 음식점은 아니지만 간접적인 경쟁자로서 여러분 레스토랑 인근의 모든 음식점들(한식당, 중식당, 일식당, 양식당 등)에 대하여 제반 사항을 고려하게 될 것이다. 중요한 것은 정도의 차이는 있으나 이러한 간접적인 경쟁자들도 경쟁자분석에 반드시 포함시켜야 한다는 것이다.

제품의 콘셉트나 소비자들의 기호는 항상 변화하기 마련이므로 직접적인 경쟁자들만 염두에 둘 경우는 흔히 말하는 '근시안적 함정(myopia trap)'에 빠지게 된다. 다시 말해서 당장의 상황만 염두에 두게 되므로 변화하는 시장환경에 대한 적응력이 부족하게 되는 것이다.

20세기 초반부터 중반까지 엄청난 호황을 누렸던 미국의 철도산업은 이러한 근시안적 마케팅의 좋은 예이다. 그 당시 미국의 철도운송회사들의 경영진은 승객부문과 화물부문 모두에서 높은 매출신장이 매년 지속되자 현실에 안주하며 현상유지에 급급하는 근시안적 함정에 빠지고 말았다. 즉, 그들은 헨리 포드(Henry Ford)에 의해 불붙기 시작한 자동차산업의 거센 바람을 과소평가하는 치명적인 실수를 범하고 말았던 것이다. 그 결과 미국 육상운송의 주역은 철도산업에서 자동차산업으로 옮겨 가고 말았다.

## 1-3 가격구조의 검토

가격을 정하는 것을 프라이싱(pricing)이라고 한다. 이상하게 들릴지 모르겠지만 사업계획을 수립할 때, 여러분은 무엇을 위하여 이러한 가격결정을 내리게 되는 것인가의 질문을 스스로에게 던질 필요가 있다. 즉, 가격결정의 목적은 어디에 있을까?

이러한 질문에 여러분들은 잠시 어리둥절할지도 모르겠다. 가격결정의 목적이라니 과연 무슨 뚱딴지 같은 말인가? 이러한 질문에 대한 답을 먼저 말해주는 것이 가격결정에 대한 여러분의 이해를 도울 수도 있을 것이다.

일반적인 가격결정의 목적은 다음과 같다.

첫째, 금액으로 환산한 개념으로서의 이익을 달성하기 위함이다. 예를 들어 "연간 1억 원의 이익을 달성한다"와 같은 것을 의미한다.

둘째, 매출액의 일정비율로서의 이익수준의 달성을 위함이다. 즉, "이익은 매출액의 5%가 되어야 한다"와 같은 것을 의미한다.

셋째, 시장점유율의 목표를 달성하기 위함이다. 즉, "총시장의 5%를 점유한다"와 같은 것이다.

넷째, 목표매출액을 달성하기 위함이다. 즉, "연간 100억 원의 매출을 시현한다" 등과 같은 것이다.

이러한 목적을 가지고 가격결정에 대한 것을 알아보기로 하자. 가격결정은 경쟁자들의 가격이나 계절적인 수요의 변화, 특정 판매촉진활동(쿠폰, 가격할인 등)과 같은 요소들에 의하여 영향을 받게 되며 결과적으로 '가격정책'의 형태로 구체화된다.

이러한 목적을 명확하게 인식하고 있지 않는 경우는 가격요소가 마케팅전략에 있어서 매우 중요함에도 불구하고 단순하게 접근하는 실수를 범하게 되는 것이다. 일반적으로 다음과 같은 요소들이 가격을 결정하게 된다.

### (1) 원가

원칙적으로 가격은 모든 관련 비용을 커버하여야 하며, 그럼으로써 원하는 정도의 이윤을 창출할 수 있는 수준이 되어야 한다. 만일 여러분이 제품을 도매나 소매의 형태로 판매하고자 하는 경우라면 여러분이 제품을 판매하는 가격(판매가격)은 그 제품을 공급자에게서 구입하는 가격(구입가격)을 감안한 수준이어야 하며, 만일 여러분이 서비스를 제공하고자 한다면 서비스이용료는 서비스창출자의 임금을 감안한 수준이 되어야 한다는 것이다.

이때 중요한 것은 직접비와 간접비의 개념이다. 직접비(direct cost)란 제품의 구입가격이나 서비스창출자의 임금 등을 말하며, 간접비(indirect cost)란 그 외의 기타 비용, 즉 임대료, 제세공과금, 사무실의 유지관리비 등을 말하는데, 여러분이 판매하는 가격은 이러한 직접비와 간접비를 모두 커버하여야 함은 물론이고 적절한 이윤을 가능하게 하여야 하는 것이다.

그러나 실제로는 이러한 비용들을 빠짐없이 고려하여 제품의 가격에 반영한다는 것은 매우 어렵다. 가장 큰 이유는 회계시스템의 부정확성 때문이다. 직접비는 어느 정도 인식하기가 용이하지만 간접비의 경우는 명확한 인식이 어렵다. 특히 취급하는 제품이 여러 종류인 경우에는 어떤 비용을 어느 정도로 어느 제품에 부담시켜야 하는지가 애매해지는 것이다. 이러한 경우의 해결방안은 크게 두 가지로 생각해 볼 수 있다.

① 철저한 원가분석에 의하여 원단위 계산을 하여 제품의 원가를 결정하는 것이다. 즉, 제품별로 투입되는 생산요소들(근로시간, 소비전력, 소요원재료 등)을 정확하게 조사하여 당해 제품의 생산원가를 결정하는 것이다. 물론 이러한 작업을 수행하는 데는 많은 어려움이 따르겠지만 정확한 원단위 계산에 의해서 각각의 제품의 공헌도를 파악할 수 있다는 장점이 있다.

② 전술한 원단위 계산이 불가능한 경우는 좀 더 쉬운 방법이 있을 수 있다. 일종의 편법이라고도 할 수 있으나 방법의 간편성으로 많은 기업들이 실제적으로 사용하고 있는 방법이다. 즉, 전체비용을 생산비율별로 각 제품에 부

과하는 것이다.

이 방법의 주요 전제는 모든 제품의 제조에는 동일한 정도의 난이도와 동일한 정도의 생산요소 투입이다. 다소 비현실적이기는 하나 상대적인 용이성으로 인하여 실무적으로 선호하는 방법이다. 어떤 방법을 택하든지 여러분의 비용구조를 파악하여야 제품 및 서비스의 판매가격을 결정할 수 있다는 점을 명심하기 바란다.

한편, "원칙적으로 비용을 커버하여야 한다"는 의미에 주목할 필요가 있다. 이 말은 전술한 여러분의 가격결정의 목적이 무엇인가 하는 것과 관련이 있다. 즉, 여러분의 가격결정의 목적이 시장점유율의 확대라고 한다면 경우에 따라서는 원가를 밑도는 판매가격 책정으로 출혈경쟁을 하게 될 수도 있다.

이와 유사한 연장선상에 있는 개념으로서 '가격에 기초한 원가'라는 것이 있다. 과거에는 전술하였듯이 원가를 먼저 계산하고 이를 토대로 기대이익을 나중에 추가하는 식으로 가격을 책정하는 '원가에 기초한 가격' 현상이 일반적이었으나 점차 가격결정구조의 전환이 일어나게 되었다. 이러한 현상의 좋은 예가 대형 할인점의 납품단가관리이다.

세계적인 기업인 월마트(Wal-Mart), 막스앤스펜서(Marks & Spencer)나 시어즈(Sears) 등은 오래 전에 '가격에 기초한 원가'로 전환하였다. 가격에 기초한 원가체제하에서는 디자인단계에서부터 고객이 지불할 의향이 있는 가격에 의해 허용원가가 설정된다. 그러나 이러한 것들이 가능해지기 위해서는 기업은 해당 제품의 전체 경제사슬원가(economic chain cost)를 이해하고 관리할 수 있어야만 한다.

결국 더 이상 과거의 전통적인 가격결정 패러다임만으로는 기업은 목적을 달성할 수가 없고 제아무리 생산성을 향상시킨다고 하더라도 결국 경쟁력을 상실하게 될 것이므로 후술하는 경쟁사의 가격이나 수요변화 등을 고려한 전체적인 시각에서 가격을 결정하여야 하는 것이다.

### (2) 경쟁사의 가격

소비자들이 제품의 구매의사결정을 내리는 경우 각 제품의 가격을 고려하기 때문에 경쟁사의 가격을 무시하여서는 안 된다. 제품의 질이 여러분과 경쟁회사가 거의 동일하다고 가정한다면 경제학에서의 수요와 공급의 원칙에 따라서 가격이 낮은 회사의 제품이 더 많이 팔릴 것이다.

그러나 경쟁사의 제품이나 서비스의 품질이 낮고, 선택의 폭이 좁은 등의 약점이 존재하는 경우라면 여러분은 경쟁사보다 높은 수준으로 판매가격을 책정할 수 있을 것이다. 반면 경쟁사가 여러분의 회사보다 여러 면에서 경쟁우위요소를 가지고 있는 경우라면 여러분은 판매가격을 경쟁사보다 결코 높은 수준으로 책정하여서는 안 될 것이다. 따라서 이러한 면을 고려하여 경쟁사분석을 철저하게 하여야 한다.

### (3) 수요예측

경제학의 제1원칙은 수요와 공급에 의해서 가격이 결정된다는 것이다. 따라서 제품의 수요는 가격에 영향을 미치게 되며, 많은 경우 역도 성립하게 된다. 만일 가격이 상승하면 소비자들은 그 제품을 덜 소비하게 될 것이며, 가격이 하락하면 소비자들은 그 제품을 더 소비하게 될 것이다.

이러한 가격과 수요의 관계의 정도를 탄력성이라고 하는데, 이러한 탄력성은 제품에 따라서나 소비자들에 따라서 차이를 보인다. 따라서 어떤 제품이나 서비스의 경우는 가격이 변동하더라도 수요가 그에 비례하여 변화하지 않는 경우가 발생하는 것이다.

예를 들어 쌀이나 소금 같은 생활필수품의 경우는 가격의 변화에 따라서 소비량이 급격하게 변화하지 않지만, 의류제품의 경우는 가격의 변화에 따른 소비의 변화가 상대적으로 크게 나타난다.

따라서 여러분들은 소비자들이 그들의 제품에 대하여 기꺼이 비싼 가격을 지불하게끔 여러분의 제품을 차별화하는 방법을 찾아야만 하는 것이다. 이러한 것을 제품의 자리매김, 즉 포지셔닝이라고 하는데 학자들에 따라서는 제품의 차별화(product differentiation)와 제품의 포지셔닝(product positioning)을 구별하여 말하는 사람도 있으나, 필자의 경험으로 보면 실무적으로 양 개념은 큰 차이가 없이 혼용하여 사용되고 있다. 그런데 이러한 차별화(또는 포지셔닝)의 방법에는 다음과 같은 다양한 요소들이 활용된다.

- **가격**: 벤츠, BMW; Days Inn, Holiday Inn
- **시간**: 나이퀼(감기약)
- **크기**: 폭스바겐, SONY
- **성별**: 말보로, 버지니아 슬림, 찰리향수
- **연령**: 에임치약(어린이)
- **색상**: 크레스트, 클로즈업(에임), 아쿠아 후레쉬(2중효과)
- **형태**: 세탁비누－타이드(가루), 미용비누－soft soap(액체)
- **유통**: Leggs(팬티스타킹), Timex(시계)－슈퍼, 양판점, 약국 판매

이와 같이 여러분이 성공적으로 여러분의 제품이나 서비스를 경쟁사의 그것들과 차별화할 수 있다면 여러분은 일종의 프리미엄을 더하여 가격을 책정할 수 있게 되고, 그 결과 더 많은 추가이익을 만들어 낼 수 있다.

### (4) 이미지

많은 경우에 높은 가격이 많은 매출로 이어지는 수가 있다. 이러한 현상은 소비자들은 종종 가격과 품질은 비례한다고 믿기 때문이다. 따라서 여러분의 제품이나 서비스를 소비자들에게 고품격을 지닌 것으로 인식시키기 위해서는 고가의 가격정책이 효과적일 수가 있다.

실제로 미국에서 있었던 일화를 들어보자. 미국 서부의 애리조나주의 한 지방도시에 위치한 보석가게에서는 다양한 종류의 보석들을 진열해 놓고 판매하고 있었다. 사실 그 보석가게에서 취급하는 보석 중에서 가장 품질이 우수하고 가격

도 적당한 것은 터키석이었는데 이상하게도 유독 터키석의 판매실적만이 가장 저조하였다. 가게의 사장은 고민하며 각종 판촉전략을 구사하였지만 그럴수록 터키석의 판매실적은 떨어지기만 하였다. 그러던 중 사장은 휴가를 가게 되었고 더 이상 터키석의 재고부담을 가지고 갈 수 없었던 그는 판매원에게 "매장에 있는 터키석을 전부 다 반값에 처분하시오"라고 급히 휘갈겨 쓴 메모 한 장을 남겨두고 일주일간의 휴가를 떠났다. 일주일 후, 휴가를 마치고 가게에 출근한 사장은 자기가 지시한 대로 매장 내의 터키석이 모두 처분된 것을 보고는 시원섭섭함을 느끼며 판매장부를 펼쳐보다가 자신의 눈을 의심하였다.

장부에는 터키석의 판매가격이 정상 판매가의 반이 아니라 두 배로 적혀 있었기 때문이었다. 판매원을 불러 자초지종을 듣게 된 사장은 또 한번 놀라고 말았다. 그 이유는 판매원이 자신이 휘갈겨 쓴 메모를 잘 못 보고는 진열되어 있던 터키석들 모두에 두 배의 가격표를 붙여 놓았고 이상하게도 방문고객들이 터키석만 찾더라는 말을 들었기 때문이었다.

이 우스갯소리는 사회심리학이나 경영학 수업시간에 설득에 관한 케이스로 자주 인용된다. 사실 그 보석가게에서 가격 대비 가장 효용성이 높은 상품은 터키석이었지만 일반적으로 보석가게를 방문하여 보석을 구입하는 사람들은 제품의 품질에 대한 전문적인 지식이 없으므로 보석의 가격을 품질에 대한 척도로 활용하였던 것이다. "설마 이렇게 고가의 보석인데 품질이 나쁠까? 이 보석상의 주인이 장사를 하루 이틀 할 것도 아니지 않는가?" 하는 생각을 방문자들은 은연중 하게 되었던 것이다.

경영학자들, 특히 마케팅 학자들에 따르면 가격과 품질의 상관관계는 역 U자의 형태를 가진다고 한다. 즉, 어느 수준까지는 가격은 품질과 비례한다고 소비자들은 생각하며 만일 지나치게 가격이 저렴한 경우에는 오히려 품질에 대한 의구심을 품게 되지만 그 수준이 넘으면 품질에 비하여 가격이 너무 비싸다고 생각한다는 것이다. 즉, 제품이나 서비스의 가격은 그 제품이나 서비스의 이미지를 표현하게 된다.

### (5) 유통구조

유통구조란 유통채널이라고도 표현하며, 여러분의 제품이나 서비스를 최종소비자에게 전달시키는 데 수반되는 단계들을 말한다. 중요한 것은 각 단계들은 여러분과는 형식적으로는 독립적인 존재라는 것이다. 대표적인 유통단계로는 도매상이나 소매상을 들 수 있는데, 제품의 종류에 따라서 유통구조가 달라진다.

이러한 유통구조는 두 가지 면에서 당신의 가격결정에 영향을 미치게 된다. 첫째, 여러분 제품의 판매가격을 정함에 있어서 각 유통구조의 구성원들이 여러분 제품을 판매하고자 하는 동기가 발생할 수 있을 정도로 책정되어야 한다. 둘째, 그 결과 최종판매가가 어느 정도가 될지를 예상하여야 한다. 이러한 분석은 여러분이 바람직한 유통구조를 결정하는 데 도움을 주게 된다.

### (6) 목적부합성

가격의 결정은 여러분이 추구하는 목적에 부합하여야 한다. 다시 말해서 마케팅 목적이나 매출목표, 기업의 이미지, 생산목표 등과 일관성이 있어야 한다는 것이다.

만일 여러분이 판매제품이 고급제품으로서의 이미지를 가지고 있기 원한다면, 시장조사를 통한 소비자의 가격인지 수준을 파악하여 적절한 수준으로 여겨지는 고가의 가격책정이 적절할 것이며, 이때의 예상시장점유율을 계산하여 여러분의 매출 및 이익계획을 추정할 수 있게 되는 것이다.

이때 여러분들이 고려해야 할 중요한 요소는 마진(margin)이다. 즉, 여러분이 가지고 갈 이익의 규모를 얼마로 할 것인가의 문제가 되는데 전술한 제품의 이미지나 경쟁자의 가격, 제품수요의 변화 등을 고려하여 이 마진의 폭을 정해야 함은 당연한 것이지만 여러분이 잊지 말고 유념하여야 할 것은 동종업계의 상황이다.

일단 사업계획에 대하여 가장 잘 파악하고 있는 사람은 여러분이지만 제3자의 시각에서는 보수적으로 여러분의 가격수준을 볼 수밖에 없다는 것을 여러분들은 싫든 좋든 인정하여야만 하는 것이다. 그 제3자가 여러분의 사업에 투자를 하거나 자금을 빌려주는 경우에는 특히 그러하다. 결과적으로 동종업계와의 비교는 필수적이며, 실제 금융기관의 심사역들이 사용하는 주요 분석 프레임도 이러한 동종업계 상황이다.

### 1-4 경쟁우위

경쟁우위란 경쟁사와 비교해 여러분의 유리한 점(강점)을 의미하는 것으로서 필연적으로 상대적인 개념이 들어가게 된다. 즉, 여러분의 생산제품의 품질이 절대적으로 좋다는 것을 의미한다기보다는 경쟁사와 비교하였을 때 상대적으로 품질이 좋다는 것을 의미한다는 것이다. 따라서 경쟁우위를 고려할 때는 다음과 같은 측면을 염두에 두고 있어야 한다.

- 경쟁우위는 자사와 경쟁사를 구분하여 주는 것이다.
- 통상적인 경쟁우위는 품질, 가격, 위치, 구색 맞춤, 서비스, 속도 등이다.
- 만일 여러분이 하나 이상의 경쟁우위를 가지고 있다면, 여러분은 경쟁사를 제압하는 데 있어서 한층 더 유리한 위치를 점하게 된다.

이러한 경쟁우위로 인하여 소비자들은 경쟁사의 제품이나 서비스를 이용하는 대신 여러분의 제품이나 서비스를 기꺼이 이용하는 것이다. 일반적인 경쟁우위 요소들을 구체적으로 살펴보면 다음과 같다.

#### (1) 품질

매우 중요하고도 당연하므로 별도의 설명이 필요 없는 경쟁우위요소이다. 만일 당신이 경쟁사에 비하여 품질이 월등하게 좋은 제품을 소비자들에게 제공한다면 소비자들은 다소 가격이 비싸더라도 여러분의 제품을 구매할 것이다.

### (2) 가격

여러분이 경쟁사보다 상대적으로 낮은 가격으로 제품이나 서비스를 제공할 수 있다면 그것은 여러분의 경쟁우위가 될 수 있다. 대부분의 후발 진입자(시장에 늦게 뛰어든 회사)들의 마케팅전략이 바로 이것이다.

### (3) 위치

많은 소규모의 회사들이 편리한 장소에 위치하고 있기 때문에 성공할 수 있었다. 이러한 현상은 특히 요식업이나 유통업에서 두드러진다.

### (4) 구색 맞춤

이것은 동일한 제품의 카테고리에서의 소비자들이 선택할 수 있는 제품의 가짓수를 말하는 것으로 이러한 선택의 폭이 넓을수록 다양한 소비자 계층을 커버할 수 있으므로 효과적인 경쟁우위요소가 된다. 우리나라에서 이마트나 롯데마트, 홈플러스 등의 대형 할인점이 빠르게 확산하는 데 비하여 동네의 슈퍼마켓들이 쇠퇴하는 이유는 이들 할인점의 가격이 저렴하다는 점뿐만 아니라 소비자들이 동일한 제품 카테고리 내에서 선택할 수 있는 범위가 다양하다는 점이 아울러 작용하고 있는 것이다.

### (5) 서비스

중소기업들은 때때로 소비자들에게 밀착된 서비스를 통하여 대기업들과 차별화를 시도한다. 이러한 것을 '커스터마이징(customizing)'한다고 표현하기도 하는데, 소비자들은 이러한 서비스를 통하여 만족하게 되고 반복구매로 이어지게 되는 것이다.

### (6) 속도

일반적으로 소비자들은 빠른 제품구매나 서비스제공을 원하기 마련이다. 느린 서비스를 원하는 소비자들은 거의 없다. 따라서 스피드, 즉 속도가 중요한 경쟁우위요소가 될 수 있다. 운송회사인 DHL이나 도미노피자의 마케팅전략이 바로 이러한 측면을 겨냥한 것이다.

## 1-5 목표시장의 규명

이것은 마케팅에서는 STP전략이라고 하는데, 즉 시장세분화(segmentation)와 목표시장의 선정(targeting) 및 자리매김(positioning)의 단계별 활동을 일컫는 말이다. 이러한 각 단계를 본격적으로 설명하자면 매우 복잡하고 장황해질 것이고, 이는 이 책의 목적에서 벗어나는 감이 있으므로 이하 개념 위주로 간단하게 언급하기로 한다.

시장, 즉 소비자는 다양한 특성을 가지고 있다. 다음에 설명하겠지만 이러한 다양한 소비자들 모두에게 하나의 제품이나 서비스로 접근한다는 것은 불가능하다. 바로 이러한 측면에서 시장세분화(market segmentation) 개념이 필요하게 되는 것이다. 그러나 생각보다 많은 경영자들은 그들 제품의 우월성을 과신한 나머지 모든 소비자들이 그들 제품을 원할 것이라는 착각을 한다. 즉, 'One product for everyone's mistake'에 빠지게 되는 것이다.

자원이 제한된 작은 기업일수록 특정 소비계층에 집중하여야 한다. 따라서 여러분의 목표시장을 설정하기 위해서는 소비자들을 비슷한 속성을 가지고 있는 집단으로 분류하여야 할 필요성이 대두되는데 바로 이것이 시장세분화이다. 시장을 세분화하는 데는 몇 가지 틀이 있다. 다음은 일반적으로 사용되는 방법들이다.

### (1) 지역적 요인

때때로 소비자들을 그들이 거주하고 있거나 근무하고 있는 장소의 관점에서 바라보는 것이 유리한 경우가 있다. 이러한 자료들은 통계청에서 실시하고 있는 인구센서스 등을 참고하면 얻을 수 있으며, 여러분은 이러한 자료를 바탕으로 지역적인 소비자분포를 파악하여 목표시장의 설정에 참고할 수 있다.

### (2) 인구통계학적 요인

인구통계학적인 속성들은 나이, 소득, 성별 등을 말하는데 이러한 요인들로 소비자들을 분류하는 것은 여러분들에게 매우 유용한 시각을 제공하여 준다. 이러한 인구통계학적 자료들은 전술한 인구센서스를 포함하여 각종 신문이나 잡지, 매스컴 등에서 자료검색을 통하여 찾을 수 있으며 시장조사회사나 광고대행사에서도 유용한 정보를 보유하고 있다.

만일 여러분이 10대 청소년용품을 제조하여 판매하고자 한다면, 전술한 인구센서스 자료를 통하여 전체인구 중에서 10대 청소년이 차지하는 비중이나 지역적인 분포 등을 알 수 있고, 보다 구체적인 자료탐색을 통하여 성별 구성이나 용돈의 수준 등의 정보를 얻을 수 있다.

### (3) 수익적 요인

기업들은 때때로 각기 다른 이유로 그들의 제품이나 서비스를 이용하는 차별화된 소비자집단이 존재함을 발견하곤 한다. 이러한 구매 이유를 기준으로 소비자들을 분류하는 것을 편익세분화(benefit segmentation)라고 한다.

예를 들어, 특정 상표의 축구화를 여러분이 판매한다고 할 때, 어떤 소비자들은 축구경기를 하기 위하여 축구화를 구매하지만, 어떤 소비자들은 그 신발을 신고 있는 것이 상징적인 의미를 가져다주기 때문에 구매할 수도 있는 것이다. 소비자들이 생각하는 일반적인 수익은 편안함, 지위, 안전, 사회성, 내구성, 오락성 등이다.

### (4) 사용빈도요인

얼마나 자주 여러분들의 제품이나 서비스를 이용하는지를 기준으로 소비자들을 분류하는 것은 매우 유용한 시장세분화의 틀을 제공하여 준다. 제한된 자원을 가지고 전체 소비자들에게 접근한다는 것은 의미 없는 행동이 될 가능성이 농후하지만, 빈번하게 여러분의 제품을 사용하는 소비자들에게 초점을 맞추어 집중적으로 마케팅활동을 전개한다면 투입자본의 효율성은 배가될 수 있는 것이다.

### (5) 사회심리적 요인

생활습관(life style)에 기초하여 소비자들을 분류하는 방법이다. 예를 들어 동물원을 찾는 사람들은 신중하고 전통적으로 가족지향적인 성향이 있다는 등의 연구결과가 있는데 이러한 정보를 시장세분화에 활용할 수 있다.

## 1-6 위치선정

위치선정은 앞에서 언급한 기업의 예상 소재지와는 다른 개념으로 받아들여야 한다. 즉, 다분히 마케팅적인 개념이므로 판매시설의 경우 상권분석을 하여야 하는 것과 같은 의미이다. 일단 위치선정을 하기에 앞서 여러분이 제일 먼저 하여야 할 것은 여러분 사업장의 위치에 있어서 바람직하거나 중요한 기준들을 설정하고 이들 조건들을 충족하는 가장 이상적인 위치를 생각해 보는 것이다.

이러한 것은 여러분 사업의 종류(업종)에 크게 좌우된다. 즉, 서비스업이나 유통판매업이라면 소비자들의 접근가능성이 제일의 고려요인이 될 것이고, 그 이외에도 경쟁사의 위치 등의 요인들을 고려하여야 할 것이며, 제조업이라면 전술하였듯이 소비자뿐만 아니라 원자재의 공급자들, 노동력, 세제, 인프라 구축 정도 등의 요소들이 아울러 고려되어야 한다.

특히, 상권분석의 경우는 다음과 같은 질문에 대한 답을 가지고 있어야 한다.

- 사업의 주 무대가 어디인가?

- 통계적 자료를 가지고 있는가?
- 트래픽 양에 대한 조사를 하였는가?
- 트래픽의 속도는 어떠한가?
- 여러분 위치에 대한 접근은 어떻게 하는가?
- 주변의 사업구성은 어떠한가?
- 시야가 확보되어 있는가?
- 주차시설은 되어 있는가?

일반적으로 빠지기 쉬운 위치선정에 대한 함정은 다음과 같은 것들이 있다.

- 집에서 가깝다는 이유로 위치를 선정하는 경우
- 임대료가 가장 싸다는 이유로 위치를 선정하는 경우
- 대안이 없다는 이유로 위치를 선정하는 경우

## 1-7 유통채널

전술한 가격결정부분에서도 설명한 바 있듯이 여러분 제품이나 서비스의 종류에 따라서 그것들을 최종소비자에게 전달시키는 데 관계되는 독립적인 기구들이 차이를 보이게 된다. 이러한 독립적인 기구들을 유통기관이라고 하며, 일반적으로 유통채널이라고 총칭하는 것이다.

유통채널의 대표적인 예로서는 도매점이나 소매점을 들 수 있는데, 이들은 상황에 따라서 병렬 또는 직렬구조의 형태를 띠게 된다. 유통채널이 길어지면 그렇지 않은 경우에 비하여 제품이나 서비스가 최종소비자에게 도달하는 시간이 상대적으로 많이 경과되며 비용도 많이 수반된다.

따라서 생산자의 입장에서는 가급적 유통채널의 길이를 짧게 가져가려는 경향을 보이게 되며, 이러한 행동의 일환으로 대리점이나 특약점 등을 신설하거나 직접 판매기구를 운영하기도 한다.

경영학에서는 이러한 문제를 'Make or Buy'에 대한 의사결정으로 보며, 거래이전비용분석(transaction cost analysis)이라는 분야로 특화시켜 다루는데, 자세한 내용은 이 책의 범위를 벗어나므로 여기서는 생략하기로 하겠다.

이때 중요 이슈로 떠오르는 것이 유통채널의 구성원 사이에 형성되는 관계의 정립문제이다. 최근 장기지향적인 관계 정립이나 신뢰관계 구축, 시장지향적인 자세의 확립 등이 학계나 실무계에서 주목을 받고 있는데, 이러한 진실된 자세로 유통채널 구성원들을 대해야 각 구성원들이 기회주의적(opportunistic)인 행동을 지양하게 되며, 궁극적으로 유통채널 구성원 모두의 이익이 증진될 것이다.

## 1-8 제반 촉진계획

일반적으로 촉진활동(Promotion)이란 매우 광범위한 개념으로서 매출을 증대시키기 위한 일체의 기업활동을 말한다. 우리가 백화점이나 할인점 등에서 흔하게 볼 수 있는 가격할인이나 사은품 증정, 쿠폰 모으기, 경품 제공, 견본품 제공, 각종 콘테스트 개최 등이 촉진활동의 범주에 속하며 광의적인 개념으로는 판매원 고용이나 광고 및 PR 등도 이에 속한다고 볼 수 있다.

이러한 촉진활동에는 필연적으로 적지 않은 비용이 수반되므로 만일 여러분이 촉진활동을 벌이고자 한다면 우선적으로 목적을 명확하게 설정하여야 함은 물론 그에 따른 예산도 책정하여야 한다. 아울러 판매원은 촉진계획의 주요 구성요소이므로 이들에 대한 적절한 관리가 촉진활동의 성패를 가름하는 필수조건이 된다.

### (1) 다이렉트 마케팅(Direct Marketing)

우편물 발송, 우편주문책자 발송, 텔레마케팅 등이 여기에 속한다. 최근 인터넷의 발달로 많은 사람들이 인쇄매체에 의한 전통적인 광고방식이 점차 쇠퇴할 것으로 예상하였으나 연구조사결과 아직도 많은 소비자들은 우편물에 의한 광고에 영향을 받고 있으며, 매장 방문의 직접적인 동기가 된다고 한다.

### (2) 광고

광고란 목적하는 메시지를 한꺼번에 많은 사람들에게 전달할 수 있는 효과적인 도구이다. 주로 라디오나 텔레비전, 신문 등의 매스컴을 이용하게 된다.

### (3) 판매촉진

매출을 증가시키기 위한 마케팅활동으로 판매원이나 유통업자, 최종소비자에게 추가로 유인책을 제공하는 것을 말한다.

### (4) 퍼블리시티(Publicity) & PR

퍼블리시티란 라디오, 텔레비전, 신문 등의 뉴스형태로 회사의 정보를 내보내는 것을 말한다. 따라서 기업이나 제품을 알리게끔 디자인되어야 한다.

PR(Public Relation)이란 일반대중들이 자사에 대하여 우호적인 태도를 가지게끔 하는 제반 활동으로 이루어진다. 이러한 다이렉트 마케팅(direct marketing), 광고, 판매촉진, 퍼블리시티 & PR 등은 실무적으로는 한 가지만 선택하여 사용하는 경우보다는 몇 가지를 조합하여 사용하는 것이 효과적인데, 이러한 각 요소의 조합을 프로모션 믹스라고 한다.

특히, 광고의 전달수단이 되는 매스컴 선택의 경우는 수반비용뿐만 아니라 구독자나 시청자 등에 관련한 부분을 명확하게 알고 있어야 한다. 즉, 구독자 혹은 시청자의 수는 얼마나 되는가? 연령이나 소득수준을 포함한 인구통계적 변수의 구성은 어떻게 되어 있는가? 거주지역별 분포는 어떠한가? 등의 질문에 대한 답을 알고 있어야 여러분에게 알맞은 매스컴을 선택할 수 있는 것이다.

당연한 이야기이지만 제품이나 서비스에 따라서 효과적인 전달도구가 달라진다. 가격이 비싸다고 반드시 효과적인 매스컴은 아니다. 미국인이 열광하는 미식축구경기인 NFL 결승전의 텔레비전 광고비용은 2백만~3백만 달러를 상회할 정도로 천문학적인 액수를 자랑한다. 그런데 과연 NFL 결승전을 본 시청자들이 경기 중계방송 중간 중간에 방영된 각종 광고의 내용을 기억하고 있을까? 결론은 여러분들의 제품이나 기업에 알맞은 매체를 선택하라는 것이다.

### 1-9 향후 매출계획

사실 이 부분이야말로 마케팅부분의 총정리라고 할 수 있다. 결국 얼마나 판매할 수 있는가를 예측하기 위하여 전술한 각종 마케팅활동계획을 수립하는 것 아니겠는가? 그런데 실무적으로 접해 본 사업계획서에서 공통적으로 발견하게 되는 안타까운 현상이 경영자(혹은 사업계획서의 작성자) 자신이 희망하는 대충의 시장점유율을 가지고 전체 시장규모에 단순하게 곱하여 예상 매출액을 산출하는 것이다. 이렇게 산출된 예상 매출액은 현실성이 결여되어 있으며, 따라서 황당하기까지 하다. 이런 사업계획서를 보면 나머지 부분은 더 볼 필요성을 느끼지 못하는 것이 필자만의 심정은 아닐 것이다.

비록 목표시장 점유율을 산정하여 예상 매출액을 산출하는 것은 마찬가지라고 하여도 이를 가능하게 하기 위하여 여러 가지 마케팅활동들을 조합하여 구체적으로 계획을 수립해야 여러분의 사업계획은 비로소 현실감을 갖게 되는 것이다. 통상적으로 3년에서 5년 사이의 예상 매출액을 기입하여야 하는데, 필요에 따라서 1차년도에 대해서는 월별이나 분기별로 예상 매출액을 산정하는 경우도 있다.

## 2 생산계획

이 부분에서는 기술성과 생산관련 항목들을 포함하여 적도록 한다. 또한 제품 단위당 소요 원재료를 산출하여 기입하는 경우에는 사업계획서를 읽는 이들에게 여러분 사업계획에 대한 신뢰감을 불러일으킬 수 있으며, 동시에 여러분 자신을 위해서도 매우 유용한 자료가 되기 때문에 권장하는 바이다. 이와 연계하여 원재료 수급문제를 자연스럽게 기술하는 것도 좋다. 그런 경우에는 전술한 원자재 수급부분과 모순되지 않도록 주의하여야 한다.

전술한 원자재 수급부분에서는 원재료 자체에 초점을 맞추어 기술하였으나, 본 부분에서는 공급자 위주로 기술하도록 한다. 즉, 누가 여러분의 공급자인가? 그들을 어떠한 방법으로 관리하여야 하는가?의 물음에 대한 여러분의 계획을 기술하는 부분이 바로 이 부분이 되는 것이다.

한편, 이 부분은 계획제품을 생산하여 판매하는 경우에 특히 필요한 부분이다. 따라서 서비스산업의 경우는 이 부분을 생략하여도 무방하다. 단 서비스를 창출하는 시스템에 대한 기술은 하는 것이 좋다. 즉, 서비스 창출자의 확보계획이나 사무실의 배치계획(레이아웃이라고도 한다), 필요시설의 구입계획(금액, 구입처, 기능 등) 등을 구체적으로 기술한다.

제조업의 경우는 서비스업에 비해서 다소 복잡하다. 이하 주요 항목별로 살펴보기로 하자.

### 2-1 기술성

제품(서비스)에 적용하는 기술의 개요 및 수준, 상업화 실적 등을 기술한다. 즉, 한마디로 여러분의 기술능력을 보여주도록 한다. 이때 특허권이 있는 경우에는 자세히 명기한다. 즉, 특허권의 내용, 명칭, 출원일, 특허권자 등의 사항을 적는다. 만일 특허권자가 여러분이나 회사가 아닌 제3자라면 특허 사용조건을 반드시 적도록 한다.

유사 특허가 국내나 국외에 있다면 그 내용이나 특허권자에 대해서 솔직하게 기술한 다음, 여러분의 기술이 기존의 것들과 다른 차이점이나 우수성 등을 부각하여 나타내도록 한다. 상업화 실적이란 기술의 적용수준에 맞추어 생각하면 편리하다. 즉, 연구개발단계, 시제품제작단계, 제품양산단계에서 어느 수준에 있는

가를 기술하게 되므로 기술에 밝지 않은 제3자를 대상으로 사업계획서를 쓰는 경우, 이해를 돕는 데 많은 도움이 된다.

## 2-2 생산관련 항목

### (1) 생산규모

생산규모는 일반적으로 시설능력을 가지고 나타내는데, 여러 종류의 제품을 생산할 계획인 경우에는 제품구성을 몇 가지 주력제품으로 환산하여 나타내는 것이 편한 때가 있다. 시설능력은 언제나 그 기준을 명확히 해야 하며 특별한 경우를 제외하고는 일산, 월산, 연산을 기준으로 하되 일간 가동시간이 제시되어야 한다.

구체적으로 다음과 같은 사항을 작성한다.

- 계획시설규모의 적정성
- 기계시설 간의 용량의 균형
- 시설도입의 용이성
- 도입기계의 타당성
- 중고기계의 노후도

이때 시설의 적정성과 관련하여서는 산업은행에서 발간하는 '업종별 표준 설비명세'를 참고하거나, 유사 동종업계의 사례를 비교하여 객관성을 유지할 수 있도록 한다.

### (2) 생산(서비스)계획

계획제품(서비스)을 생산하기 위한 생산방식과 공정을 중점적으로 채택한 기술과 제조방법의 정확성, 대체생산방식의 유무, 경제성 유무, 공정의 신규성, 동일공정의 채택현황 등을 기술한다. 생산(서비스) 공정도를 첨부하여 여러분의 생산계획을 일목요연하게 나타내어 준다면 금상첨화일 것이다.

생산(서비스) 공정도는 특별한 형식은 없으나 플로 차트 형식으로 나타내면 간편하고도 이해하기가 쉬우므로 많이 활용된다.

### (3) 생산(서비스)능력

생산능력이란 설비가 완료된 후 기술적 문제가 해결된 정상상태에서 시설의 물리적 능력을 초과하지 않는 범위 내의 가동으로 생산할 수 있는 최대 가능 생산량을 말한다. 따라서 이때는 공정효율(생산직 인원의 숙련도)과 생산효율(기계설비의 노후도)를 중심으로 작성하게 된다.

### (4) 제품단위당 소요 원재료

가장 먼저 해야 할 일은 기준제품단위를 정하는 것이다. 만일 여러 종류의 제품을 생산할 계획이라면 매출이나 생산의 비중이 가장 높은 제품(즉, 여러분에게 중요한 제품)들을 선택한다. 예를 들어 ○○제품의 비중이 가장 높다면 그 제품의 기준단위와 기준수량을 정하는 식이다.

다음은 기준제품 1단위를 생산하는 데 소요되는 원재료를 계산한다. 원재료명, 규격, 단위, 단가, 소요량, 금액, 예상 구입처, 비고 등으로 구성된 표를 만들어 활용하면 편리하다. 이렇게 하면 단위당 소요 원자재량이 산출된다. 보통 여기까지 계산하여 기입하게 되는데 여기에 단위당 소요 인건비나 단위당 기술 사용료, 단위당 기타 경비를 더하면 단위당 총원가 계산이 되는 것이다. 웬만한 기업의 경우 이러한 단위당 원가계산을 하여 경영에 활용하고 있는 경우는 생각보다도 드물다. 그만큼 어렵다는 말이라고 하겠다. 아마도 단위당 인건비를 산정하기 위해서는 여러분들은 스톱워치를 가지고 생산현장에 나가 앉아 있어야 할지도 모른다. 그래야 정확한 동작 측정이 가능하고 나아가 생산제품에 투입되는 근로시간이 명확하게 규정되므로 관리의 효율성을 기할 수 있을 것이다.

# 10장

# 비즈니스 플랜 (3)

## 재무계획

1. 창업비용
2. 소요자금 조달
3. 추정재무제표
4. 손익분기점분석
5. 재무비율분석

# 10장 비즈니스 플랜 (3)
## 재무계획

비즈니스 플랜에서 재무계획 부분은 여러분의 사업계획을 수행하기 위하여 얼마나 자금을 조달하여야 하고 그 결과 각 사업연도의 재무상태는 어떻게 될 것인지를 살펴보는 것으로서, 이러한 재무계획이 잘못되는 경우에는 기업의 도산이라는 불행한 결과를 가져오게 되므로 세심한 주의가 필요한 부분이다.

기업의 재무상태는 매일 매일 직접 눈으로 확인할 수 있다는 특징이 있으므로 생각하기에 따라서는 전술한 마케팅부문과 더불어 사업계획에 있어서 가장 중요하다고 할 수 있다.

## 1 창업비용

창업비용은 사업을 시작하기 위해서 필요한 비용이다. 이 비용의 대부분은 기업이 사업을 시작하기 전에 발생된 것이다. 창업비용은 산업에 따라 다양하지만 대부분의 사업에서 다음과 같은 유형으로 발생된다.

### 1-1 재고(Inventory)

재고는 창업자가 구매하고 소비자에게 되팔게 될 품목으로 구성된다. 재고비용의 추정은 공급업자가 될 업체로부터 얻을 수 있다.

## 1-2 집기와 비품(Furniture and Fixtures)

집기와 비품은 사무실 책상 및 의자, 선반, 카운터, 진열장 등을 포함한다. 비용의 추정은 이들 아이템의 소매상으로부터 얻을 수 있다.

## 1-3 기계장치(Machinery and Equipment)

이들 품목은 컴퓨터, 현금등록기, 복사기, 팩스 등과 제조장비 또는 건설장비와 같이 특정 산업에서 요구되는 품목을 포함한다.

## 1-4 선급비용(Prepaid Expenses)

기업이 사업을 시작하기 전에 서비스를 위해서 지불되는 비용을 말한다. 이러한 선급비용의 예로는 선급보험료, 미경과 임차료, 미경과 이자, 개업광고 등이 해당된다. 기업은 각 항목의 추정된 자료에 의해서 얼마의 비용이 지불되어야 하는지를 결정하게 된다.

## 1-5 종업원 교육비용(Training Costs for Employee)

사업이 개시될 때 종업원은 업무를 어떻게 효율적으로 수행해야 하는지를 알아야 한다. 기업이 운영되기 전에 종업원을 고용하고 훈련하는 것은 필수적이다. 만약 사업시작 일주일 또는 이주일 전에 종업원이 고용되었다면 제품이 판매되기도 전에 임금을 지불해야 하는 사태가 벌어질 수도 있다.

## 1-6 보증금(Deposits)

많은 창업자들은 보증금이 몇 천만 원의 큰 단위가 아니고서는 창업비용에 포함하는 것을 종종 망각하는 경우가 있다. 건물이나 공간을 임대하였다면 임대보증금, 시설이나 장비를 임대하였다면 이들에 대한 보증금이 포함될 것이다.

### 1-7 임차자산 개량 또는 빌딩 구입(Renovation or Building Purchase)

사업을 가정에서 운영하지 않는다면 장소에 관련된 비용이 필요할 것이다. 장소나 빌딩을 임대하였다면 구조변경을 위한 비용이 소요될 것이다. 시설을 구입하였다면 구입가격이 창업비용에 포함될 것이고 구조변경이 필요하게 된다.

### 1-8 운영자금(Working Capital)

일반적인 사업들은 대부분 어느 정도의 고객을 확보할 때까지 적어도 몇 개월이 소요된다. 이 기간 동안의 매출액은 예외적인 사례를 제외하고는 대부분 사업에 소요되는 모든 비용을 지불할 만큼 충분하다고 볼 수 없다. 운영자금은 회사나 공장에서 임금의 지불, 원료의 구입 등에 필요로 하는 자금을 말하며, 기업이 사업을 추진하는 데 필요불가결한 자금으로, 말하자면 경영자금이다. 운영자금은 적어도 3개월에서 6개월 정도는 확보되어야 한다.

## 2 소요자금 조달

"왜 자금이 필요한가? 즉, 자금 소요의 원인은 무엇인가?" 이러한 질문은 이상하게 들릴 수도 있을 것이다. 도대체 자금이 왜 필요한지를 묻는 것은 바보 같지 않은가?

사업을 새로 시작하는 마당에 자금이 필요한 부분이 어디 한두 군데인가? 공장도 지어야 하고 기계설비도 구입하여야 하고, 각종 집기 비품도 사 넣어야 하고 원자재도 주문하여야 하고…. 이렇듯이 자금이 필요한 곳은 끝이 없는데 "왜 자금이 필요한가?"라니 답답하지 않은가?

아마도 여러분이 이와 같이 생각한다면 여러분은 어느 정도는 옳다. 그러나 왜 자금이 필요한가의 문제를 심각하게 고민하여야 할 시기는 사업을 처음 시작할 때가 아닌 사업 중에서이다. 방금 여러분이 의문을 품었던 것처럼 사업을 처음 시작할 때는 자금의 소요처가 명확하게 나타나기 때문에 소요자금의 규모를 산정하기가 그리 어렵지 않다.

반면 사업의 중간에 자금의 소요처를 생각한다는 것은 공장을 증설한다거나 시설을 확충하는 등의 특수한 경우를 제외하고는 간과하기 쉬우며 정확한 규모를 산정하기도 어렵다. 그러나 이런 점 때문에 소요자금 산정을 게을리 하다가는 기업의 도산이라는 불행한 결과와 맞닿게 되는 것이다. 경우에 따라서는 흑자도산이라는 안타까운 현상이 벌어지기도 한다.

일반적으로 사업 중에 발생하는 자금소요의 원인은 소위 잘 나갈 때와 그렇지 않을 때가 차이가 있다. 잘 나갈 때의 자금소요는 매출 확대로 인한 것이다. 매출이 확대되는 경우는 필연적으로 재고자산이 증가되고 매출채권이 증가되며, 매입채무도 늘어나게 된다. 또한 인건비 등 각종 경비가 증가되기 때문에 여러분의 생각보다는 훨씬 더 자금이 필요하게 되는 것이다. 따라서 철저한 자금계획이 뒷받침되지 않은 매출 확대는 무모하다고까지 말할 수 있다.

## 2-1 부채에 의한 자금조달

### (1) 은행대출

사업자금을 마련하기 위해서 가장 손쉽게 생각할 수 있는 자금조달방법의 하나가 은행대출이라고 생각할 것이다. 그렇지만 사업자 및 창업자가 그들의 사업계획서에 의해서 신용대출을 받는 경우, 어떤 은행에서는 쉽게 받아들일 수 있지만 대부분은 까다롭거나 거부하는 경우가 많다.

창업자금 은행대출을 고려하는 경우, 은행은 다음과 같은 많은 것을 체크하게 될 것이다.

- 사업을 위한 시장은 충분한가?
- 어떤 담보물을 가지고 있는가? 여기에는 주택, 토지와 같은 개인자산과 기계설비, 시설과 같은 사업자산을 포함한다.
- 얼마나 많은 자금이 회사에 투자될 것인가? 즉, 총창업비용에서 창업자가 투자하는 비중은 얼마나 되는가를 판단한다.
- 현존하는 기업이라면 과거에 얼마나 많은 자금을 투자했는가?
- 수익의 얼마만큼을 회사에 재투자했는가?
- 좋은 신용기록을 가지고 있는가?
- 기업을 경영하기 위한 교육 및 경험은 가지고 있는가?
- 사업영역에서 일반적인 경제적 여건은 어떠한가?
- 기업이 대출금을 상환할 능력은 가지고 있는가?

### (2) 정부에 의한 자금조달프로그램

정부는 중소기업을 위한 다양한 자금지원프로그램을 가지고 있다. 중소벤처기업부는 중소기업에게 다양한 서비스를 제공하는 정부기관이다. 중소기업을 위한 다양한 형태의 대출프로그램을 가지고 있으며 대출을 위한 자금은 정부예산을 통하여 제공되며 시기에 따라서 자금의 규모와 형태가 다르다.

정부의 창업자금을 지원받기 위해서는 '창업교육'을 필수적으로 이수하게 되어 있으며 창업교육과정을 이수하지 않은 경우에는 자금지원신청서를 제출하면 창업교육과정과 자동으로 연계되어 교육을 이수할 수 있다. 정부지원기관으로부터 지원을 받기 위해서 중요한 심사기준이 될 수 있는 것이 사업계획서라고 볼 수 있다. 내가 이 자금의 지원을 받을 만한 자격요건에 적합하며 어떻게 투자금을 상환할지를 구체적이고 현실성 있게 제시하는 것이 중요하다. 주요 창업자금지원기관으로는 중소벤처기업부, 중소기업진흥공단, 신용보증기금, 소상공인시장진흥공단, 한국여성경제인협회, 한국장애인고용공단, 서민금융진흥원, 신용보증재단 등이 있다.

### (3) 금융회사

금융회사는 은행으로부터 자금을 조달할 수 없는 기업들에게 대출을 제공한다. 이들은 높은 실패율을 가진 산업의 기업 또는 한계자금상태에 있는 기업 등과 같이 높은 위험을 가지는 사업체를 대상으로 한다. 이자율은 금융회사에서 책정되지만 일반적으로 은행에 의해서 부과되는 이자율보다 높다.

## 2-2 자본에 의한 자금조달

### (1) 개인출자

개인출자는 은행계좌로부터 투자된 개인자금을 포함한다. 많은 금융기관과 투자자들은 창업자가 다른 곳에서 자금조달을 찾기보다는 개인적인 자금을 투자하기를 기대한다.

### (2) 개인투자자

개인투자자는 친구, 가족구성원, 개별 자금소유자, 파트너 등을 포함한다. 친구와 가족구성원은 기꺼이 자금을 제공하지만 사업이 성공하지 못하거나 사업운영에 불만을 가지는 경우에는 부담이 된다.

개별 자금소유자는 기업이 성공했을 때 고수익을 기대하고 중소기업에 투자를 하게 된다. 이들 개별 투자자들은 그들이 제공하는 자금지원 때문에 엔젤(angel)로 구분하기도 한다. 창업자는 어떻게 적정한 투자자를 찾을 수 있는지, 반대로 투자자는 어떻게 창업자를 찾을 수 있는지에 대해서 모르는 경우가 많기 때문에 미국의 경우 정부와 지방자치단체를 중심으로 많은 중개서비스가 이루어지고 있다.

### (3) 파트너(동업자)

파트너는 기업에서 일을 하는 실질적인 파트너일 수 있고 회사의 일부분을 소유하면서 매일 근무는 하지 않지만 자금을 투자한 간접적인 파트너일 수도 있다. 더 상세한 내용은 비즈니스 플랜의 조직의 형태에서 설명될 것이다.

### (4) 벤처투자회사

벤처투자회사는 급속도로 성장하고 큰 수익을 창출할 수 있는 잠재력을 가진 중소기업에 투자하는 회사를 말한다. 이러한 회사는 연 25~40%의 투자수익률을 올리고 투자한 후 5~7년 이내에 기업공개를 할 수 있는 기업을 선호한다. 또한 우수한 경영팀을 가진 기업을 찾는다. 따라서 벤처투자회사가 선호하는 기업은 바이오기술, 데이터 커뮤니케이션, 헬스케어 등과 같은 특정 산업의 벤처기업에 특화되는 경향이 많다.

창업자는 벤처투자회사가 자본 성격의 자금을 제공하기 때문에 본질적인 소유권을 포기해야 한다는 사실을 알아야 한다. 창업자는 필요한 자금을 조달함으로써 회사가 급속하게 성장할 수 있다는 장점과 창업자에 의해서 소유된 주식은 액면 그 이상의 가치를 가질 수도 있다.

### (5) 주식

주식회사의 형태로 창업하는 경우, 다른 회사와는 달리 새로운 주식을 발행하여 이를 주주나 일반투자자들에게 판매함으로써 필요한 자금을 조달할 수 있다. 그런데 우리나라에 「상법」상 수권자본제를 도입하여 정관에 발행할 주식의 총수를 정하여 회사설립 시에는 그중 4분의 1 이상을 발행하고 나머지는 자금이 필요할 때 수시로 이사회의 의결로 주식을 발행할 수 있도록 되어 있다.

# 3 추정재무제표

## 3-1 추정재무상태표

재무상태표(statement of financial position)는 특정 시점에서 기업의 재무상태를 나타내는 것으로서 '자산=부채+자본'이라는 재무상태표 등식에 의해서 작성된다. 차변에 표시되는 자산항목은 기업소유의 재산 운용상태를 나타내고, 대변에 표시되는 부채 및 자본항목은 기업의 자본조달상태를 나타낸다. 사업계획서에서 추정재무상태표는 추정손익계산서에 비해서 각 항목금액들의 구체성이나 현실성이 크게 떨어지기 때문에 이를 생략하는 경우가 있다.

자산은 여러 가지 기준에 따라 분류가 가능하나 회계상으로는 유동자산, 고정자산으로 나뉜다. 유동자산(current assets)은 고정자산에 대응되는 개념으로 1년 이내에 환금할 수 있는 자산으로 현금화가 매우 신속하게 이루어질 수 있는 '당좌자산'과 복잡한 제조과정이나 판매과정을 거쳐야만 현금화가 가능한 '재고자산'으로 구분된다.

비유동자산(non-current assets)은 판매 또는 처분을 목적으로 하지 않고 비교적 장기간에 걸쳐 영업활동에 사용하고자 취득한 각종 자산, 일반적으로 장기간(1년 이상) 회사가 소유하고 사용할 수 있는 자산을 말한다. 자산의 주요 항목별 계정과목은 다음과 같다.

### (1) 유동자산(Current Assets)

- 당좌자산(quick assets): 대차대조표일로부터 1년 이내에 현금화될 수 있는 유동자산 중에서 판매과정을 거치지 않고 바로 환금이 가능하며 유동부채의 지급에 충당될 수 있는 자산을 말한다. 우리나라의 「기업회계기준」에서는 현금, 예금, 유가증권, 외상매출금, 받을어음, 당기대여금, 미수금, 미수수익, 기타의 당좌자산을 당좌자산으로 규정하고 있다.

- **재고자산**(inventory assets): 재고자산이란 정상적인 기업활동과정에서 판매하기 위하여 보유하는 자산이나 또는 판매를 목적으로 제조과정 중에 있는 것, 판매에 이용될 제품이나 용역의 생산에 현실적으로 소비하기 위하여 보유하고 있는 자산을 말한다. 재고자산은 취득방법이나 존재형태 또는 사용목적에 따라 여러 가지로 구분될 수 있다. 일반적으로 상품, 제품, 재공품, 원재료, 소모품 등으로 구분할 수 있다.

### (2) 비유동자산(Non-Current Asset)

- **투자자산**(investment assets): 일반적으로 투자유가증권, 관계회사에 대한 출자금, 장기금융상품, 장기대여금, 전세권, 임차보증금 등을 가리킨다.
- **유형자산**(tangible assets): 재화의 생산, 용역의 제공, 타인에 대한 임대 또는 자체적으로 사용할 목적으로 보유하는 물리적 형체가 있는 자산을 말하며 토지, 건물(냉난방, 전기, 통신시설 등 포함), 구축물, 기계장치, 건설중인 자산, 기타자산(차량운반구, 선박, 비품, 공기구 등) 등으로 구분하여 표시한다.
- **무형자산**(intangible assets): 기업경영에 유용하나 물리적 형태가 없는 자산을 말한다. 영업권, 광업권, 특허권, 실용신안권, 공업소유권 등이 있다.

### (3) 부채(Liabilities)

- **유동부채**(short-term liabilities): 1년 이내에 지급되리라 기대되는 부채로 단기부채라고 한다. 유동부채는 기업회계기준에 당좌차월, 외상매입금, 지급어음, 단기차입금, 미지급금, 선수금, 예수금, 미지급비용, 미지급법인세, 관계회사 단기차입금, 주주 · 임원 · 종업원 단기차입금, 유동성 장기부채, 선수수익, 부채성충당금, 기타의 유동부채 등 15가지 항목으로 구분된다.
- **고정부채**(long-term liabilities): 대차대조표 작성일로부터 가산하여 1년 이내에 상환기일(지불기일)이 도래하지 않는 부채를 말하며 장기부채라고도 한다. 고정부채에 속하는 항목으로 사채, 장기차입금, 관계회사의 장기차입금,

퇴직급여충당금, 특별수선충당금 등 장기적 부채성충당금과 주주, 임원, 종업원으로부터의 장기차입금이 있다.

### (4) 자본(Equity)

- **자본금**(capital stock): 자본금이란 발행주식의 액면총액을 말하며, 기업회계기준은 자본금계정에 보통주자본금, 우선주자본금 등을 포함하여 기재하도록 하였다.
- **자본잉여금**(capital surplus): 기업회계상 회사의 순자산액이 법정자본액을 초과하는 부분을 잉여금이라고 하는데, 그중 자본거래에 의한 재원을 원천으로 하는 잉여금을 자본잉여금이라고 한다. 주식발행초과금, 감자차익, 자기주식처분이익, 재평가적립금 등이 이에 해당된다.
- **이익잉여금**(retained earnings): 유보이익이라고도 불리는 것으로 영업활동이나 재무활동 등 기업의 이익창출활동에 의해 획득된 이익으로서 이익준비금, 기타법정적립금, 임의적립금, 당기말 미처분이익잉여금(또는 당기말 미처리결손금) 등이 포함된다. 이익잉여금은 배당의 형식으로 주주에게 분배되거나 또는 사내에 유보시킨 후 결손보전, 사업 확장 등의 목적에 사용된다.
- **자본조정**(capital adjustment): 자본조정이란 당해 항목의 특성상 소유주지분에서 가감되어야 하거나 또는 아직 최종결과가 미확정상태여서 자본의 구성항목 중 어느 것에 가감해야 하는지 알 수 없어서 회계상 자본총계에 가감하는 형식으로 기재하는 항목을 말한다. 주식할인발행차금, 배당건설이자, 자기주식, 주식매수선택권, 출자전환채무, 자기주식처분손실, 감자차손 등이 있다.

새로운 사업을 위해서 추정된 재무정보를 가지고 예를 들어 설명해 보자. 창업년도의 추정대차대조표는 창업비용과 부합될 것이다. 예를 들어 선물쇼핑센터를 창업하기 위한 창업비용이 1억 4천만 원이라고 가정하자.

창업자는 4천만 원을 사업을 위해서 출자하고, 1억은 은행에서 10%의 이율로 7년 동안 대출받는 것으로 계획하고 있다. 대략적으로 매월 1,712,000원이 상환될 것이며, 창업하는 첫 해에 총대출비용은 원금 10,540,000원과 이자 10,000,000원을 포함해서 20,540,000원을 지불하게 된다. 아울러 추정재무상태표를 작성하기 위한 경영기획팀이 제시하고 있는 가정은 다음과 같다.

- 안정적인 경영활동을 위해서 현금과 예금/매출액의 비율을 2차년도부터 20%로 유지하기로 하였다.
- 저장품은 창업년도 대비 5년 동안 매년 10% 감소할 것으로 예상된다.
- 선급비용/매출액의 비율은 2차년도부터 4%로 예상된다.
- 재고자산/매출액의 비율은 2차년도에는 5%, 그 이후에는 6% 수준으로 유지하기로 하였다.

매출액이 증가함에 따라서 자동저장시스템 및 저장공간의 확충이 요구된다고 판단되었다. 따라서 자산증가액/매출액증가액의 비율은 2차년도에는 0.6%, 그 이후에는 0.7%로 상승할 것으로 판단하였다. 따라서 2차년도의 고정자산항목을 산출할 때 다음과 같이 계산된다.

〈집기와 비품의 경우〉

15,000,000+(1,050,000,000−700,000,000)×0.6=17,100,000

〈기계장치의 경우〉

10,000,000+(1,050,000,000−700,000,000)×0.6=12,100,000

## 3-2 추정손익계산서

손익계산서란 일정기간 동안 영업활동을 통하여 얼마의 이익 또는 손실을 보았는가를 보여주는 보고서이다. 즉, 일정기간 동안 기업이 생산한 제품이나 매입한 상품을 얼마나 판매하였으며, 그와 관련된 원가는 얼마이고, 판매활동이나 관리활동을 위해 지출한 비용은 얼마인가를 보여주게 된다.

따라서 추정손익계산서를 작성하는 행위는 기업 각 부문의 운영계획을 집대성하는 것이라고 할 수 있다. 다시 말해서 마케팅부문, 생산부문, 자금부문 등 제반 부문이 어우러져 기업의 예상 성적표로 나타난 것이 바로 추정손익계산서인 것이다.

추정손익계산서를 작성할 때에는 매출액, 매출원가, 판매비 및 일반관리비, 지급이자를 포함한 영업외수입 · 비용, 법인세 등 손익계산서 항목별로 작성하게 되는데, 이때 중요한 것은 각 항목별로 논리적인 산출근거가 있어야 한다는 것이다. 아울러 이러한 산출근거를 첨부자료 형태로 요구하는 기관이 점점 늘어나고 있다는 것을 염두에 두어 객관적이고 공정하게 각 항목들을 작성한다.

한편 동종사업을 영위하고 있는 동종업계의 상황도 향후 추정과정에서 반드시 반영되어야 한다. 만일 동종업계에 비하여 특정 항목의 구성비율이 지나치게 차이를 보인다면 이에 대한 원인과 대책을 강구하여야 한다. 추정손익계산서를 구성하는 주요 항목별 계정과목과 손익의 계산방법은 다음과 같다.

- **매출액**: 상품과 제품의 기간 중 매출액을 산출한다.
- **매출원가**
  - 판매업의 경우: '기초상품재고액+당기상품매입액−기말상품재고액'
  - 제조업의 경우: '기초제품재고액+당기제품제조원가−기말제품재고액'에 의해서 산출한다.
- **매출총이익**: '매출액−매출원가'로 산출한다.
- **판매비와 관리비**: 상품과 용역의 판매활동 또는 기업의 관리와 유지에서 발생하는 비용으로 매출원가에 속하지 아니하는 모든 영업비용을 포함한다. 급여, 퇴직급여, 복리후생비, 임차료, 접대비, 감가상각비, 제세공과금, 광고비, 연구개발비 등으로 산출한다.
- **영업이익**: '매출총이익−판매비와 관리비'에 의해서 산출된다.
- **영업외수익**: 주된 영업활동 이외로부터 발생한 수익으로 반복적 · 경상적으로 발생하는 것을 말하며, 이에 속하는 항목으로 이자수익, 배당금수익, 임대료수익, 외환차익, 투자자산처분이익, 유형자산처분이익, 사채상환이익 등

이 있다.

- **영업외비용**: 회사의 활동에서 생기는 수익 중 정규 영업에 기인하지 않는 것으로 이자비용, 이연자산상각, 유가증권처분손실, 재고자산평가손실, 외환차손, 유형자산처분손실, 사채상환손실 등이 있다.
- **경상이익**: '영업이익+영업외수익−영업외비용'에 의해서 산출한다.
- **특별손익**: 경상손익 이외의 임시적 손익으로 정상적인 경영활동과는 무관한 손익이다. 특별이익은 고정자산처분이익, 투자유가증권처분이익, 상각채권추심이익, 법인세환수액, 대손충당금환입액 등이 있으며, 특별손실에는 고정자산처분손실, 투자유가증권처분손실, 재해손실, 법인세 등이 있다.
- **법인세비용 차감전 순손익**: '경상이익+특별이익−특별손실'에 의해서 산출한다.
- **법인세비용**: 소득에 대해서 부과되며, 과세표준의 크기에 따라서 차등세율을 적용하는 누진세인 법인세와 법인세에 부가되는 세액의 합계액에 당기이연법인세 변동액을 가감하여 산출한다.
- **당기순이익**: '법인세비용 차감전 순손익−법인세비용'으로 산출한다.

이와 같이 추정손익계산서의 기본구조는 수익(매출액, 영업외수익, 특별이익)과 비용(매출원가, 판매비와 관리비, 영업외비용, 특별손실, 법인세)을 상호 대응하여 차감하는 형식으로 당기순손익을 기재하게 된다.

창업자는 최근의 경제여건과 사업 확장을 고려하여 1차년도의 매출액을 7억으로 예상하고 있으며 향후 매년 50%의 성장을 기대하고 있다. 아울러 추정손익계산서를 작성하기 위한 경영계획팀이 제시하고 있는 가정은 다음과 같다.

- 매출원가는 매출액의 30%로 추정한다.
- 판매비와 관리비/매출액 비율은 2차년도에 15%, 그 이후는 10%로 낮아질 것으로 예상한다.
- 이자비용은 장기차입금의 평균잔액에 대해서 연간 10%의 이자율로 지급하

는 것으로 가정한다.

- 법인세율(법인세비용/경상이익)은 연간 25%로 적용한다.
- 감각상각비는 연말 기계설비(취득원가)의 10%로 예상된다.

### 3-3 추정현금흐름표

현금흐름표는 일정기간 동안의 기업의 현금흐름을 나타내는 표이다. 즉, 현금의 변동내용을 명확하게 보고하기 위하여 당해 회계기간에 속하는 현금의 유입과 유출내용을 적정하게 표시한 표이다. 현금이 어떻게 창출되어 어디에 얼마만큼 쓰였는가를 보여주는 표라고 할 수 있다. 재무상태표가 기초에서 기말로 변천해 간 과정을 현금흐름의 측면에서 관찰한 것이 현금흐름표라고 할 수 있다.

따라서 기간별 현금의 유입과 유출내용을 표시함으로써 향후 발생할 기업자금의 과부족현상을 미리 파악할 수 있다. 현금흐름은 '영업활동현금흐름', '투자활동현금흐름', '재무활동현금흐름' 등으로 나뉜다.

- **영업활동현금흐름**: 영업활동에 의한 현금흐름으로 기업 고유활동인 생산제품의 판매, 원재료와 상품의 구입에 따른 현금 유출입 상황을 나타낸다.
- **투자활동현금흐름**: 투자활동에 의한 현금흐름으로 유가증권 및 토지의 매입·매각, 예금 등에 따른 현금 유출입 상황을 나타낸다.
- **재무활동현금흐름**: 재무활동에 의한 현금흐름으로 단기차입금, 회사채 및 증자 등에 따른 현금 유출입 상황이다.

현금흐름표는 다음과 같은 유용성이 있다.

첫째, 기업의 미래현금흐름 및 현금 창출능력을 예측할 수 있게 한다. 따라서 현금흐름정보는 기업의 도산예측이나 신용등급 결정에 아주 유용하다.

둘째, 기업의 부채상환능력과 배당금지급능력, 외부자금조달의 시기와 규모 등을 예상할 수 있게 한다.

셋째, 일정기간 중 발생한 현금의 증가와 감소에 대한 원인을 영업활동, 투자활동, 재무활동 등으로 구분하여 파악할 수 있게 한다.

넷째, 이익의 질(quality of earnings)에 관한 정보를 제공한다. 예를 들어 매출채권의 증가로 이익이 증가한 기업은 영업활동으로 인한 현금흐름이 감소하게 되며, 이 경우 현금매출의 증가로 이익이 증가한 기업에 비하여 이익의 질이 떨어진다.

## 4 손익분기점분석

창업자가 기업을 운영하기 위한 최소한의 판매량인 손익분기점(break-even point)을 계산하는 것은 사업의 가능성 여부를 판단하는 데 도움이 된다. 예를 들어 어떤 창업자가 여성의류점을 오픈하려고 하는데 이 가게를 운영하기 위해서 하루에 최소한 20만 원의 매상을 올려야 한다고 계산했다면, 가게의 위치와 규모를 고려하여 사업을 시작해야 하는지 또는 말아야 하는지를 결정할 수 있을 것이다. 따라서 손익분기점은 창업자가 비용적인 측면에서 오류를 예방한다고 볼 수 있다.

### 4-1 손익분기점모형

손익분기점은 기업이 생산능력의 범위 내에서 영업비용(판매 및 관리비)을 회수하는 데 필요한 최소한의 조업도(판매량 또는 매출액), 즉 영업이익이 0원이 되는 판매량이나 매출액을 의미한다. 영업비용을 고정영업비용과 변동영업비용으로 구분할 수 있다면 매출액과 영업비용이 일치하여 영업이익이 0원이 되는 손익분기점 판매량을 추정할 수 있다.

## 4-2 손익분기점의 이용 및 문제점

기업이 생존하기 위해서 최소한의 판매량이 얼마인지를 알아보는 손익분기점을 계산하는 것은 창업자에게 도움이 된다. 때로는 손익분기점이 계산되었을 때 사업가능 여부를 판가름할 수 있게 한다. 예를 들어 여성 옷가게를 준비하고 있는 한 창업자가 생존을 위해서 하루에 최소 10만 원의 판매량이 필요하다고 계산되었다고 하자. 창업자는 가게의 위치와 규모를 고려해 볼 때 사업이 불가능하다는 것을 알았고 가게를 오픈하지 않았다. 그러므로 손익분기점을 계산한다는 것은 창업자로 하여금 오류를 범하는 것을 방지할 수 있을지도 모른다.

### (1) 변동비와 고정비의 구분

손익분기점을 계산하기 위해서 제일 먼저 필요한 것은 기업의 비용을 변동비와 고정비로 구분하는 것이다. 고정비는 기업의 판매량에 의해서 영향을 받지 않으며 반대로 변동비는 매출에 비례해서 발생한다. 예를 들어 만약 회사의 임대계약서에 월 3백만 원의 임대료를 지불하는 것으로 계약되었다면 기업은 판매량과 관계없이 임대료를 지불하게 될 것이다. 그러므로 이것은 고정비가 될 것이다. 반대로 임대계약서에 임대료는 판매량의 7%라고 되어 있으면 판매량이 증가 또는 감소될 수 있기 때문에 변동비로 처리가 된다. 유사하게 종업원이 매월 150만 원의 봉급을 받는다면 이것은 고정비가 될 것이고, 판매량에 근거해서 임금을 받는다면 변동비가 될 것이다. 따라서 변동비와 고정비를 구분한다는 것은 종종 모호할 때가 있다.

사업계획서 목적을 위해서 추정손익계산서에 근거해서 손익분기점을 계산하는 것은 도움이 될 것이다. 감가상각비, 임대료, 경영진 보수, 보험료와 같은 대부분의 비용은 고정비로 처리된다.

### (2) 공헌이익

손익분기점을 계산하는 데 두 번째 단계는 공헌이익률(contribution margin rate)을 결정하는 것이다. 이것은 단위당(per-unit) 또는 추정손익계산서를 통해서 계산될 수 있다.

### (3) 손익분기점 계산

손익분기점은 고정비를 공헌이익으로 나눔으로써 계산된다. 예를 들어 선물쇼핑센터의 1차년도의 판매비와 관리비의 합계가 127,650,000원이기 때문에 변동비의 합계인 7,300,000원(200,000+7,100,000)을 빼면 고정비 120,350,000원이 된다. 따라서 손익분기점은 120,350,000/0.58958=204,128,362원이 된다. 만약 기업의 1차년도 매출액이 204,128,362원이 되면 당기순이익은 0이 된다. 만약 매출액이 손익분기점보다 높으면 이익이 날 것이고 이보다 낮으면 손실이 발생하게 된다.

### (4) 손익분기점을 위해서 얼마나 많은 고객이 필요한가?

손익분기점에 도달하기 위해서 하루에 어느 정도의 고객이 필요한가를 계산하는 것은 도움이 된다. 이를 위해서 우선적으로 매번 전형적인 구매고객이 얼마만큼을 구매하는가를 계산하는 것일 것이다. 첫 번째 고객에서부터 그 다음 고객에 이르기까지 매우 다양하다 할지라도 창업자는 각 고객에 대해서 평균구매액을 계산해야 한다. 예를 들어 선물쇼핑센터의 경우, 10,000원짜리 선물 1개를 구입하는 고객이 있는가 하면 45,000원으로 여러 종류의 선물을 구입하는 고객도 있다. 평균구매액은 27,500원(10,000+45,000=55,000/2)이 된다. 따라서 손익분기점은 204,128,362원이고 평균구매액은 27,500원이기 때문에 기업이 생존을 위해서는 연당 7,422명의 고객이 필요하게 될 것이다. 만약 선물쇼핑센터가 연중무휴 365일 영업을 한다면 하루에 20명의 고객이 확보되어야만 손익분기점에 도달하게 된다.

## 5 재무비율분석

재무비율(financial ratio)이란 재무제표를 구성하는 구성항목(계정과목) 간의 관계를 비율로 계산한 것을 말한다. 이를 통하여 기업의 경영상태를 파악하고 미래를 예측하기 위해서 기업의 채무상환능력, 수익성, 효율성, 성장성, 현금지급능력 등을 측정하게 된다. 추정재무제표가 완성된 후에는 이를 이용하여 회사의 미래경영성과 및 재무상태를 분석하게 되는데 대표적인 재무비율은 다음과 같다.

### 5-1 유동성비율(Liquidity Ratio)

단기채무 상환능력을 측정한다.

- **유동비율**: 유동자산/유동부채
- **당좌비율**: 당좌자산/유동부채
- **매출액 단기차입금비율**: 매출액/단기차입금(유동성 장기차입금 포함)

### 5-2 레버리지비율(Leverage Ratio)

자본구조 및 장기채무 상환능력을 측정한다.

- **부채비율**: 부채총계/자본총계
- **자기자본비율**: 자본총계/부채와 자본총계
- **차입금의존도**: (단기차입금+장기차입금+사채)/부채와 자본총계
- **이자보상비율**: (법인세 차감전 순손익+이자비용)/이자비용 또는 영업이익/이자비용
- **고정장기적합률**: 고정자산/(고정부채+자본총계)

### 5-3 수익성비율(Profitability Ratio)

경영성과 및 수익성, 금융부담능력을 측정한다.

- **총자산순이익률**: 당기순이익/자산총계
- **자기자본순이익률**: 단기순이익/자기자본총계
- **매출액영업이익률**: 영업이익/매출액
- **매출액순이익률**: 단기순이익/매출액
- **금융비용부담률**: 이자비용/매출액

### 5-4 효율성비율(Efficiency Ratio)

자산의 물리적 활용도를 측정한다.

- **총자산회전율**: 매출액/자산총계
- **매출채권회전율**: 매출액/매출채권
- **재고자산회전율**: 매출액/재고자산

### 5-5 성장성비율(Growth Ratio)

외형과 자산의 증가율을 측정한다.

- **매출액증가율**: (당기매출액 – 전기매출액)/전기매출액
- **총자산증가율**: (당기말 자산총계 – 전기말 자산총계)/전기말 자산총계

### 5-6 현금흐름비율(Cash Flow Ratio)

현금흐름을 이용한 지급능력을 측정한다.

- **현금흐름부채비율**: 영업활동으로 인한 현금흐름/부채총계

- **현금흐름기준 이자보상비율**: (영업활동으로 인한 현금흐름+이자비용)/이자비용

자산이 얼마나 효율적으로 이용되고 있는지, 즉 얼마나 빠른 속도로 매출액이나 현금 등으로 변화되었는가를 측정하는 데 이용되는 효율성비율(총자산회전율, 재고자산회전율)은 동종업계의 평균치와 비교함으로써 판단할 수 있을 것이다. 또한 영업활동으로 인한 현금흐름으로 총부채를 상환할 수 있는 능력인 현금흐름부채비율은 매우 양호한 상승 추세를 보이고 있다.

# 11장

# 비즈니스 플랜 (4)
## 기타 고려사항

1. 보험
2. 공급자
3. 위험요인 및 가정
4. 출구전략

# 11장 비즈니스 플랜 (4)
## 기타 고려사항

## 1 보험

사업을 시작하고 운영한다는 것은 여러 종류의 위험을 내포하고 있는 것이다. 어떤 위험은 보험으로 보장받을 수 있지만 그렇지 않은 경우도 있다. 예를 들어 레스토랑을 경영하는 경우 화재가 발생할 수 있으며, 도난을 당할 수 있고, 자동차 사고로 인해 손상을 입을 수도 있다. 이러한 위험들은 예방할 수 있기 때문이 아니라 보험을 구입함으로써 재무적인 영향을 최소화할 수 있기 때문에 통제가능한 위험(보험이 가능한 위험)이다. 사업체를 운영하는 경우, 일반적으로 요구되는 보험의 유형과 중요한 고려사항에 대해서 점검할 필요가 있다.

일반적으로 기업성 보험은 기업이 생산활동을 하는 데 있어 안정성을 제공하고 재무적 건전성을 증대시킴으로써 거래의 안정성과 신뢰성을 제고시킨다. 나아가 기업 간 거래를 활성화시키고 상품과 서비스의 가격을 안정화시키는 기능을 함으로써 산업의 안정적 성장과 발전에 기여한다.

### 1-1 종업원 보상보험

종업원 보상보험은 작업관련 사고로 인하여 상해를 입은 종업원에 대해서 의료보상을 제공한다. 종업원을 고용하고 있는 사업주(사용자)를 위한 보험으로 대한민국 내의 사업장을 대상으로 하며, 고용된 근로자(상용 및 일용)가 업무수행

중에 업무에 기인한 재해를 입었을 경우 이에 따른 재해보상을 행함으로써 사업주가 입게 되는 손해를 보상하는 근로자 재해 · 상해보험이다. 기업은 작업의 위험수준에 따라서 종업원 보상보험을 지불해야 한다. 예를 들어 기본적으로 건설작업자는 상해의 위험이 높기 때문에 사무직 종업원보다 보험료가 높다. 보험료는 봉급의 수준(더 위험하고 높은 봉급일수록 높은 보험료)과 회사의 안전기록에 의해서 결정된다.

### 1-2 재산보험

재산과 관련된 사건으로 인한 경제사정의 불안정을 없애는 것을 목적으로 하는 보험으로서 도난보험, 신용보험, 적하 · 운송보험, 화재보험 등이 있다. 재산보험은 기업의 재산에 대해서 손상 또는 파산을 입었다면 변제를 하게 된다.

#### (1) 도난보험

상품이나 집기비품 등 건물 내에 보관 중인 동산이나 현금, 유가증권의 보관 또는 운송 중에 발생할 수 있는 강도, 절도사고로 피보험자가 입게 되는 재산손실을 보전하여 주는 보험이다.

#### (2) 신용보험

기업 간 상거래에 있어서 물품 또는 용역을 신용(외상)으로 공급하는 채권자(보험계약자)가 채무자(구매자)의 지급불능이나 채무불이행으로 인한 예측하지 못한 손해 발생의 위험에 대비하여 가입하는 손해보험의 한 종류를 말한다. 매출채권보험과 어음보험이 있다. 매출채권보험은 중소기업이 물품 또는 용역을 제공함으로써 발생한 매출채권(외상매출금 또는 받을어음)을 보험에 가입하였다가, 향후 구매기업의 채무불이행으로 인한 손실이 발생한 경우 신용보증기금으로부터 지급받는 제도이다. 어음보험은 중소기업이 물품 또는 용역을 제공하고 판매대금으로 받을어음을 보험에 가입하고, 향후 해당 어음이 부도처리되는 경우 보험금을 지급받는 제도이다.

### (3) 적하 · 운송보험

적하보험은 운송(해상, 항공, 육상) 중에 외부의 우연한 사고의 결과로 인해 화주가 입게 되는 화물의 손실을 소정의 보험료를 대가로 보험자가 피보험자에 대하여 계약 당시 합의한 방법과 범위에 따라 보상하는 보험이다.

운송보험은 운송 중인 화물의 멸실 및 손상으로 인하여 화주가 재산상의 손해를 입은 경우 이를 보상하는 보험으로서 일반적으로 화주가 자신의 화물에 대하여 가입하는 보험이다.

### (4) 화재보험

보험에 가입한 물건의 화재(벼락 포함)로 인한 직접손해, 소방손해, 피난손해를 보상하는 보험으로 선택적으로 풍수재관련위험, 전기적 위험, 도난위험, 신체손해위험 등으로 인한 재산상의 피해를 보상받을 수 있다.

## 1-3 배상책임보험

법인이나 사업체의 배상책임위험을 담보하는 영업배상책임보험을 말한다. 배상책임보험은 해상보험, 화재보험, 상해보험이 등장한 후 1890년 미국에서 사업가들이 자가보험에서 은퇴하고 사업으로 인한 배상책임위험을 민간보험회사에 맡김으로써 시작되었다.

배상책임보험은 그 담보위험이 다양하지만 하나의 보통보험약관을 사용해서 스케줄이나 특약으로 보통약관을 제한하거나 확장하여 위험을 담보하는 것이 특징이다. 주요한 배상책임보험으로는 시설물소유배상책임보험, 수탁자배상책임보험, 제조물배상책임보험 등이 있다.

### (1) 시설소유배상책임보험

피보험자가 그가 소유 또는 임차한 시설의 소유, 관리 및 사용과 관련한 과실로 인한 사고로 제3자에게 지는 손해배상책임을 담보하는 배상책임보험으로 일반배상책임보험 중 가장 흔한 기본적 담보위험이다.

### (2) 수탁자배상책임보험

타인의 물건을 보관하는 자가 임치물의 멸실, 훼손에 대하여 지는 손해배상책임을 말한다(「상법」 제160조). 이를 보관자책임이라고도 한다. 이러한 책임을 담보하는 배상책임보험을 수탁자배상책임보험이라 한다. 이 보험에서 보관자가 피보험자인 경우 보험회사에 대하여 직접청구권이 인정된다(「상법」 제725조). 창고업, 세탁소, 주차장 등이 이러한 위험을 가진 기업이다.

### (3) 제조물(생산물)배상책임보험

생산물배상책임보험(PL)은 기업이 위험을 전가할 수 있는 매우 효과적인 수단의 하나로서 피보험자가 제조 · 판매 또는 제공한 생산물이 피보험자의 점유를 벗어난 후, 보험기간 중에 생산물의 품질 또는 기타결함으로 인한 사고 또는 작업의 완료 또는 양도 후 그 결과로 인한 사고로 소비자 및 제3자가 입은 신체장해 또는 재물손해를 담보하는 손해배상책임보험이다.

## 1-4 건강, 상해, 생명보험

사업자와 종업원을 위한 건강보험은 매우 고가이기 때문에 많은 중소기업들은 종업원에게 이러한 보험을 제공하고 있지 못하는 것이 현실이다.

## 2 공급자

창업을 위한 제품·서비스에 관한 정보를 얻기 위해서는 사업의 공급자를 분류하는 것은 매우 중요한 일이다. 공급자는 일반적으로 다음과 같이 분류될 수 있다.

### 2-1 생산자

생산자는 제조업자, 광부, 농부, 천연물 가공업자 등을 포함한다. 대부분의 생산자는 대규모의 물량을 도매업자에게 판매할지라도 중소기업의 사업체에 공급하지 않는다.

### 2-2 도매업자

도매업자는 제품을 위한 상표를 가지고 있으며 생산자로부터 구매한다. 도매업자는 중소기업을 위한 주요 공급원이다. 도매업자와의 원만한 관계 유지는 중소기업의 운영을 위해서는 종종 필수적인 요인이 된다.

### 2-3 중개업자

어떤 도매업자는 중개업자로서 역할은 하지만 상표를 가지고 있지 않는 경우가 있다. 그들은 제조업자를 대표하고, 주문을 하고, 고객에게 서비스를 제공한다. 공급업자의 연합체는 지역 내의 많은 제조업자들을 위해서 제품을 판매하는 제조업자 대표를 포함한다. 그들은 생산자와 지속적인 관계를 유지한다.

가능한 공급자를 분류한 후, 조달스케쥴, 신용기간, 최소주문량 등은 물론 품목에 대한 원가를 계산할 필요가 있다. 또한 새로운 창업자에게 구매와 지불에 대한 경로시스템이 구축될 때까지 몇 달 동안 구매에 대한 현금지불을 요구하는 것은 공급자에게는 일반적인 일이다. 신용거래기간이 30일 또는 그 이상 연장될 수도 있다. 이러한 신용기간은 재고가 있는 동안 현금지급능력을 나타냄으로써 현금흐름을 추정하는 데 반영된다.

어떤 공급업자는 소규모의 구매업자와의 거래를 원하지 않기 때문에 최소한의 주문을 요구하기도 한다. 따라서 최소한의 생산에 필요한 아이템의 주문을 위해서 공급자들의 최소한의 주문량을 검토할 필요가 있다.

## 3 위험요인 및 가정

### 3-1 통제 불가능한 위험

모든 사업은 통제가능한 위험과 통제 불가능한 위험에 직면할 수 있다. 통제가능한 위험은 필연적으로 예방될 수 없으나 보험을 구입함으로써 금전적 손실을 최소화할 수 있다. 그러므로 화재, 태풍, 천재지변 등과 같은 위험은 보험이 금전적 손실을 지불할 수 있기 때문에 통제가능한 것으로 고려된다.

그렇지만 통제 불가능한 위험은 불리한 금전적 영향을 가지고 있지만 보험에 의해서 보장될 수 없다. 일반적으로 통제 불가능한 위험은 다음과 같은 사항들을 포함한다.

- 새로운 경쟁자가 주변에 위치
- 불경기
- 새로운 기술의 출현
- 고객취향의 변화
- 경쟁자들에 의한 가격전쟁

각 사업에 직면하는 위험의 유형은 제각기 다르게 나타난다. 창업자들은 통제 불가능한 위험요인이 발생할 경우, 어떤 단계를 거쳐 대처할 것인지를 고려해야 한다. 예를 들어 만약 창업자가 경쟁자는 가격전쟁에 개입할 것이라는 확신을 가지고 있다면 경쟁자와 차별되는 제품과 서비스를 제안함으로써 새로운 사업을 차별화하기 위한 계획을 수립해야 할 것이다. 또한 불경기의 위험이 회사에 여러 번 영향을 미쳤다면 불경기에 민감하지 않은 제품과 서비스를 고려해야 한다.

### 3-2 사업계획서에 포함되는 가정과 결론

비즈니스 플랜의 마지막 부분은 계획이 새로운 사업을 위해서 또는 현존 사업을 위해서인지에 따른 여러 가지 가정(전제조건)일 것이다. 제안된 사업이 유망하다고 전망되었다면 "이 사업은 가능한가?"에 대한 질문의 해답이 결론이라고 볼 수 있다. 결론은 사업계획서를 통해 가정을 제시함으로써 결론에 도달할 수 있다. 일반적으로 다음과 같은 가정들이 포함된다.

- 특정한 지역
- 창업을 위한 한정된 자금
- 자금조달능력
- 새로운 경쟁자의 미출현

각각의 사업은 각 사업에 따른 위험을 가지고 있으며 그에 따른 특정 사업의 가정에 의존하게 된다. 그러므로 사업계획서를 완성하는 동안 가장 중요한 가정을 분류하여야 한다. 특히 사업계획서의 결론에 결정적인 가정을 분류하는 것은 매우 중요하다. 예를 들어 학교 근처에 아이스크림 가게를 창업한다고 가정해 보자. 10개의 테이블과 각 테이블당 4개의 의자를 필요로 한다면 다음과 같은 두 가지 가정이 있을 수 있다.

① 아이스크림 가게의 최대 수용능력은 40명이다.

② 학교는 계속 운영되고 입학률은 증가될 것이다.

만약, 어떠한 이유로 인하여 고객수용능력이 감소되었거나 학교의 입학률이 감소되었다면 또는 학교가 폐쇄되었다면 제안된 사업계획서는 불가능할 것이다.

사업계획이 현존하는 사업을 위해서 작성되었다 할지라도 가정은 전제되어야 하며, 결론은 사업계획서 내의 정보에 근거한 사업의 미래를 나타낼 수 있어야 한다.

## 4 출구전략

많은 창업자들은 그들이 시작한 사업에 대해서 전력을 다하게 된다. 모든 시간과 정열을 쏟으면서 사업에 전념한다는 것은 전혀 의아해할 일은 아니다. 실제로 창업자들로부터 부인, 자녀, 친척들과 시간을 보낼 수 없다는 불만을 듣곤 한다. 이렇게 열정적인 사업을 수행하는 창업자들이 출구전략을 생각하게 되는 이유는 무엇일까? 어떤 경우, 창업자는 다른 벤처를 시작하는 것과 같은 사업을 전환하기를 원하며 때로는 사업체를 통해서 얻은 수익을 거둬들이기를 원한다.

또 다른 경우, 창업자들이 기업을 계속적으로 성장시키기 위해서 막대한 자금이 필요한데 이를 위해 지분의 일부를 매각하는 것이 자금을 조달할 수 있는 최선의 방법이라고 생각한다. 핵심은 경제적이고 개인적인 많은 정당한 이유들이 창업자들이 새로운 벤처에 개입하게 되는 의사결정에 영향을 미친다는 것이다. 그렇다면 이런 의사결정을 하는 창업자들은 어떤 특정한 전략이 있는 것인가? 많은 전략들이 있을 수 있지만 ① 기업 내부에 있는 구성원에게 소유권을 이전하거나 매각, ② 외부인에게 소유권을 이전하거나 매각, ③ 종업원에게 스톡옵션을 제공하거나 창업 초기에 주식을 불특정 다수의 투자자들에게 공개하는 기업공개 등 세 가지 주요 내용으로 정리할 수 있다.

## 4-1 사업체의 계승

창업자가 생각할 수 있는 가장 일반적인 출구전략은 사업체를 가족구성원에게 일임하거나 이전하는 방법이다. 사업체에 관심이 있는 가족구성원이 없다면 조직 내에 누구인가를 훈련시키거나 매각을 고려하게 된다.

### (1) 가족구성원에게 이전

가족구성원에게 성공적으로 사업체를 이전한다는 것은 그리 쉬운 일이 아니다. 전문가들은 창업 1세대에서 2세대로 이전을 시도하는 데 절반은 실패하는 것으로 추정하고 있다. 미국의 경우, 약 14%만이 3세대로 소유권을 이전하는 것으로 알려져 있다. 미국 가족기업연구소가 800개 가족기업을 대상으로 조사한 결과에 의하면, 이전계획의 실패원인은 불충분한 재산계획 및 재산세 지불을 위한 자금의 부족으로 밝혀졌다. 가족구성원에게 소유권을 이전하는 동안 감정적 · 금전적인 혼란을 최소화할 수 있는 해결책은 바람직한 계승계획의 마련이다. 효과적인 계승계획은 다음과 같은 주요 요인들을 고려해야 한다.

- 이전(승계)단계에서 소유자의 역할: 전적으로 또는 부분적으로 경영에 참여할 것인가? 또는 은퇴할 것인가?
- 함께 일할 수 있는 가족구성원은 얼마나 되는가?
- 주주 및 가족구성원을 위한 소득
- 이전하는 동안 현재의 경영환경
- 핵심 종업원의 처우
- 부과된 세금

가족구성원에게 사업체를 이전하는 것은 종업원들과 내부적인 문제를 야기할 수 있다. 이러한 결과는 종종 사업에 대한 교육 · 훈련이 없이 자녀들에게 경영권을 넘겨주려고 할 때 발생한다. 사업체를 인수하는 데 있어서 젊은 가족구성원의 성공기회는 조기에 다양한 운영책임을 경험한다면 가능성이 높아진다. 경영의 전반적인 시각을 습득하기 위하여 기업의 여러 부서들을 순환하여 경험하는 것은 가족구성원에게 유익한 것이다. 여러 부서에 있는 종업원들은 그들의 미래 경영자를 알게 되는 계기가 될 뿐만 아니라 경영교육을 습득하는 데 도움을 줄 수 있을 것이다.

창업자가 승계자에게 조언자로서 역할을 한다면 바람직한 승계를 위해서 도움이 될 수 있다. 그렇지만 다음과 같이 승계계획은 시작과 끝이 준비된 계획에 의해서 진행되어야 한다.

- 충분한 시간을 가지고 준비해야 한다.
- 승계를 위한 컨설턴트를 고용하거나 기업의 가치를 평가해야 한다.
- 잠재적인 승계자들이 가지고 있는 장점을 평가해야 한다.
- 사업체를 승계하는 동기를 확인하여야 한다.
- 승계자가 사업체를 습득할 수 있는 승계기간을 설정해야 한다.
- 종업원지주제와 같은 대안도 고려해야 한다.
- 승계완료기간을 명시해야 한다.

이전단계 동안 조언자로서 역할을 하는 것은 경영의사결정을 하는 데 있어서 승계자에게 도움을 줄 수 있다. 물론 갈등을 초래하는 상황이 될 수도 있다. 또한 창업과 함께 회사를 같이 해온 종업원은 젊은 가족구성원에 대해서 거부감을 느낄 수 있다. 그렇지만 승계기간 동안 조직 내에서 일을 같이 하면서 승계자는 능력을 증명할 수 있으며 미래의 역할을 정당화할 수 있다.

### (2) 비가족구성원에게 이전

가족구성원이 사업체의 승계에 관심이 없는 경우가 종종 있다. 이런 경우에 창업자는 핵심 종업원을 훈련시키고 지분의 일부를 유지하는 방법, 경영자를 고용하고 통제권을 유지하는 방법, 사업체를 매각하는 방법 중의 하나를 선택하게 된다.

특정 종업원에게 사업체를 이전한다는 것은 그 승계자가 사업체와 시장에 익숙하다는 것을 강점으로 생각하는 것이다. 종업원의 경험은 승계에 따른 문제를 최소화한다. 또한 창업자는 원만한 승계자를 만들 수 있는 시간을 가질 수 있다.

종업원에게 사업체를 승계하는 데 있어서 핵심 이슈는 소유권이다. 창업자가 어느 정도 소유권을 유지할 계획을 가지고 있다면 사업의 중요한 영역에 대해서 얼마만큼 관여할 것인가 하는 문제이다. 새로운 승계자는 제2인자, 주주 또는 컨설턴트로서 창업자와 함께 통제권을 가질 수 있는 것을 선호할 수 있다. 승계자의 재무능력과 경영능력은 소유권을 얼마만큼 이전하느냐를 결정하는 데 중요한 요인이다. 많은 경우에 있어서 사업체의 이전 또는 승계는 모든 요구조건을 만족시키기 위하여 몇 년이 걸릴 수 있다. 따라서 창업자들은 사업체의 소유권을 이전하거나 매각할 필요성을 느끼기 전에 장기적인 관점에서 고려해야 한다.

사업체가 오랜 기간 동안 가족구성원이 소유하고 있었으며 앞으로도 그렇게 되기를 바란다면 창업자는 사업체를 운영하기 위한 관리자를 고용할 수도 있다. 그렇지만 창업자와 동일한 전문성과 관리방법으로 사업체를 운영할 사람을 찾는다는 것은 매우 어려운 일이다. 만약 사업체를 운영할 사람을 찾았다면, 사업체의 지분 없이 일정기간 동안 기꺼이 운영해 줄 사람과 소유자 간의 경영문제에 대해서 불협화음이 생길 수 있다.

비가족구성원으로 구성된 기업의 승계계획은 약간 다른 접근을 시도할 수도 있다. 이런 사업체의 주요 핵심 경영자 또는 경영층은 기업을 떠나거나 감축될 수 있다. 즉, 가족구성원이 포함되지 않았기 때문에 내외적인 인력의 교체를 고려할 수 있다. 이러한 경우, 동업자관계 동안 동업자협약을 분명히 하고 이미 결정된 조항에 대해서 준수해야 한다. 그렇지만 동업자를 교체해야 하는 상황이 있을 수 있다. 이때 승계계획은 다음과 같은 주요 사항을 고려해야 한다.

- 기업의 경영진이 승계계획을 수락해야 하고, 전략은 모든 사람이 공유해야 한다.
- 모든 직위에 대해서 만족해야 하고 역할분담이 명확해야 한다.

- 승계과정이 공개적으로 이루어져야 한다. 모든 종업원들은 회사의 이직가능성을 최소화하고 승계에 따른 불안감을 주지 않기 위하여 과정이 공개되어야 한다.

마지막으로 선택할 수 있는 대안은 특정 종업원이나 외부인에게 사업체를 매각하는 것이다. 이 대안에서 주요 고려사항은 재무적인 것이며 변호사나 회계사의 도움을 받는 것이 필요하다. 또한 기업의 가치를 평가하는 것이 요구된다.

## 4-2 사업체 매각을 위한 선택

창업자는 사업체를 매각하는 여러 가지 유용한 대안들이 있다. 아주 단순한 방법이 있는가 하면 복잡한 재무적 지표를 고려하는 전략이 있다. 창업자는 이들 대안에 대해서 유심히 살펴보고 선택해야 하는 지혜가 필요하다.

### (1) 직접 매각

아마 직접 매각하는 것은 기업을 파는 가장 일반적인 방법일 것이다. 창업자가 다른 사업으로 전환을 원하거나 단순히 은퇴할 예정이기 때문에 사업체를 팔려고 결정할 수 있다. 만약 창업자가 사업체를 팔려는 생각을 가지고 있다면, 그리고 당장 팔 생각을 가지고 있지 않다면 초기단계에서 고려해야 할 몇 가지 전략들이 있다. 다음의 고려할 전략을 살펴보자.

- 사업체는 구체적으로 면밀히 살펴보면 훨씬 더 가치가 있을 수 있다. 즉, 큰 시장에서 더 작은 가치라기보다는 작은 틈새시장에서 더 큰 몫을 가질 수 있다.
- 창업자는 더 큰 마진과 수익에 초점을 맞추고 지속적인 비용관리에 관심을 가져야 한다.
- 예산 및 현금흐름 추정을 포함하는 재무제표를 관리해야 한다.

- 사업이 어떻게 계획되고 운영되는지를 설명하는 사업체의 경영관련 서류를 준비해야 한다.
- 자본적 장비의 상태를 평가해야 한다. 최신장비들은 기업의 가치를 끌어올릴 수 있다.
- 기업의 형태에 따라 세금이 다르다는 것을 인식해야 한다.
- 핵심 종업원에게 비공개로 해야 한다.
- 소유자－고객관계의 친밀성을 알리기 위하여 수시로 주요 고객과 접촉하도록 하고 바람직한 경영팀을 유지하도록 노력해야 한다.
- 미리 준비하고 계획해야 한다.

사업체를 매각하는 경우 고려해야 할 가장 중요한 것 중의 하나가 매수자가 선택할 수 있는 지불유형이다. 종종 구매자들은 미래수익에 근거하여 사업체를 구매하려고 할 것이다. 만약 새로운 소유자가 사업에 실패한다면 매각자는 현금으로 지급받기가 어려울 수 있으며 생존하기 위해서 몸부림치고 있는 회사를 돌려받을 수도 있다.

사업체가 가족구성원 또는 종업원에게 이전되거나 팔리게 되면 창업자는 새로운 소유자와의 계약에 의존하게 된다. 많은 매수자들은 단기간에 원만한 이전이 이루어지기를 원할 것이다. 이러한 환경하에서 매각자(창업자)는 일정, 봉급, 책임을 구체화하는 고용계약을 협상해야 한다. 만약 창업자가 사업체에 필요하지 않다면 새로운 소유자는 특정 기간 동안 사업체에 개입하지 않는다는 동의서를 요구할 것이다. 이러한 계약의 범위는 다양하며 변호사는 구체적으로 요구할 수 있다.

창업자는 사업체를 종업원에게 팔려는 의도를 가지고 일정한 기간 동안만 유지하려는 계획을 가지고 있을 수 있다. 이것은 종업원 스톡옵션(Employee Stock Option Plan: ESOP)이나 특정 경영자에게 경영권 매각을 통해서 이루어진다.

### (2) 종업원 스톡옵션 계획

종업원 스톡옵션 계획하에서, 사업체는 일정한 기간에 걸쳐 종업원들에게 매각된다. ESOP는 일본의 '종업원지주제도' 또는 미국의 '종업원주식신탁(employee stock ownership trust)'을 골격으로 하고 있으며 우리나라에서는 '우리사주제도'라고 불린다.

우리사주제도는 기업 및 금융기관의 소유－경영구조의 선진화, 재무구조개선, 종업원 복지증진과 빈부격차 완화, 자본시장의 건전한 발전, 노사 간 협력증진, 적극적인 회사구제수단인 종업원 기업인수의 촉진, 생산성 향상 등 다양한 형태의 경제적 · 사회적 이익을 도모할 목적으로 정부의 정책이나 회사의 경영방침으로 자기회사의 종업원들에게 각종 편의를 제공하여 자기회사의 주식을 취득하게 하고 이를 장기보유하게 하는 제도이다.

우리사주제도를 구성하는 주요 내용은 우리사주조합, 우선배정제도, 회사출연제도, 우리사주매수선택권, 차입ESOP, 의무예탁제도, 조세지원제도 등이 있다.

- **우리사주조합**: 주주이사, 주주감사를 제외한 경영이사부터 현장노동자들까지 회사의 전체 구성원들이 우리사주를 관리함으로써 전체 구성원들의 복지증진 및 경제적 · 사회적 지위 향상을 위해 조직된 단체를 말한다.
- **우선배정제도**: 법인이 주식을 모집 또는 매출하는 경우, 모집 또는 매출하는 주식총수의 20/100 범위 내에서 우리사주조합원에게 우선배정하는 제도를 말한다.
- **회사출연제도**: 회사출연제도는 크게 세 가지 방식으로 운영되고 있는데, 첫째 회사가 우리사주조합에 기금을 출연하고 우리사주조합은 조성된 기금으로 인출하는 주식을 매입하거나 시장에서 주식을 매입하여 우리사주조합원에게 무상으로 배분하는 방식, 둘째 노사가 각각 일정액을 우리사주조합에 공동으로 출연하여 우리사주조합원에게 배분하는 방식, 셋째 노동자들이 출연하는 액수에 대비하여 회사가 선택적으로 출연하는 방식이 있다.
- **우리사주매수선택권**: 우리사주조합원을 대상으로 일정한 기간 내에 유리한

가격으로 자기회사 주식을 매입할 수 있는 권리를 부여하는 제도를 말한다.

- **차입(leveraged)ESOP**: 종업원들이 금융기관으로부터 대규모 자금을 차입하고 이 차입금으로 자사주식을 취득한 후 차입금은 중장기적으로 분할 상환하는 제도를 말한다.
- **의무예탁제도**: 회사 · 주주 등이 출연한 우리사주, 회사 · 주주 등이 출연한 금품으로 취득한 우리사주는 4년 이상 8년 이내의 기간에서 출연자와 협의하여 의무예탁기간을 정한다.
- **조세지원제도**: 우리사주조합 및 기업관련 조세지원제도가 시행되고 있다(「조세특례제한법」, 「법인세법」 참고).

### (3) 경영자인수(매수)

이 방법은 창업자가 특정 또는 핵심 종업원에게 사업체를 이전하거나 매각하기를 원할 때만 가능하다. 창업자는 앞에서 언급한 ESOP는 복잡하고 비용이 많이 수반될 수 있기 때문에 단순하게 직접 매각하는 것을 원할 수 있다.

경영자매수(management buyout)는 미리 정해진 가격으로 사업체를 직접 인수하는 것을 포함한다. 이것은 주택을 판매하는 것과 유사하다. 창업자는 모든 자산을 평가하고 난 뒤 과거 수익으로부터 추정된 호의적 가치에 근거하여 사업체의 가격을 결정하게 된다.

핵심 종업원들에게 사업체를 매각하기 위해서 현금 또는 여러 가지 방법의 자금이 동원될 수 있다. 사업체의 가치가 매우 크다면 현금매수는 불가능할 수 있다. 사업체 매수를 위한 자금의 거래는 은행을 통하거나 관련전문가(변호사, 회계사)와 함께 창업자가 문서를 작성함으로써 이루어질 수 있다. 창업자는 매각으로 인한 소득이 세금으로부터 영향을 덜 받고 현금흐름을 개선할 수 있는 방향으로 정해진 기간에 이루어지기를 원할 것이다.

사업체를 매각하는 다른 방법은 주식을 이용하는 것이다. 사업체를 매수하는 경영자들은 다른 투자자들에게 주식을 거래할 수 있다. 이때 주식매각으로 인한 자금이 사업체를 매수하는 데 전부 또는 부분적으로 사용될 수 있다. 다른 투자자가 주식을 매수하는 데 관심을 갖거나 또는 은행이 경영자에게 자금을 빌려주는 이유는 사업체가 과거 실적이 있고 동일한 경영팀(사업체 매수 경영자)과 거래가 이어지고 있기 때문이다. 한편, 사업체를 매각하거나 이전하는 다른 방법은 주식공모 또는 다른 사업체와 합병하는 것이다.

적절한 매각전략을 결정하기 전에 창업자는 외부전문가로부터 조언을 구해야 한다. 실제로 매각 의사결정은 매각하는 시점의 기업환경과 창업자가 추구하는 목표에 따라 좌우된다고 볼 수 있다. 따라서 위에서 설명된 방법들은 출구전략을 수립하기 전에 주어진 환경하에서 최적의 대안이 결정될 수 있도록 면밀히 검토되어야 한다.

# 찾아보기

## [저자소개]

**홍성호** Ph.D.

연세대학교 행정학과 학사, 연세대학교 경제대학원 석사 및 항공대학교에서 경영학 박사학위를 취득하였으며, 드림라인(주) 경영기획팀과 American International Group에서 10여 년간 실무경험을 하였다.
현재 연세대학교 경제대학원에서 겸임교수로 창의성과 아이템 탐색 및 Startup Business 등 창업 교과목 강의와 글로벌 창업동아리 멘토 역할을 수행하고 있다.
강원대학교 창업중심대학사업단과 SW중심대학사업단을 통한 창업 교과목 강의와 창업보육센터와 협업하여 예비/초기/재창업 보육기업 멘토링과 공모전 및 경진대회 심사 프로그램에 참여하고 있다. 또한 건국대학교 창업지원단에서 창업 트렌드와 융복합적 사고와 블록체인과 비즈니스 전략 및 창업 금융 투자를 강의하고 있다.
중소기업기술개발 지원사업 평가위원으로 중소벤처기업부 등 창업 관련 공공기관에 심사 및 평가를 하고 있으며, 창업지도사 1급으로 창업사관학교와 공무원연금공단 등 교육기관에서 창업 관련 강의와 교육 컨설팅을 진행하고 있다.

**창업 비즈니스 전략**

2023년 3월 2일 1판 1쇄 인쇄
2025년 8월 20일 1판 2쇄 발행

저 자 | 홍성호
발행인 | 이수영
발행처 | 도서출판 청람
서울시 마포구 독막로 288(대흥동, 세양상가 109호)
전 화 | 02)3272-2601~2
팩 스 | 02)3272-2603
이메일 | crbooks@daum.net
홈페이지 | http://www.crbooks.co.kr
등 록 | 2000년 8월 26일 제6-0509호

ISBN 978-89-5972-943-2 93320 [정가 20,000원]